美しい人になる心のメッセージ

桐山靖雄

平河出版社

美しい人になる心のメッセージ

はじめに

この本は、ずいぶんむかし、女性誌に掲載されたものを一冊の本にまとめたものである。若い女性を対象に悩みの相談に答える形で書き上げた。いま読み返してみても、そこには若い女性だけでなく、一人の人間としての生き方へのメッセージがこめられている。

心は考え方ひとつで大きく変わる。心の持ち方ひとつで、これからのあなたの人生を豊かに生きることができる。

いつの時代も人間は悩み、苦しみ、そして失敗もある。それを乗り越えて成長していくのである。悩みのない人間はいない。悩んで人は成長する。悩んでこそ成長がある。

自分の個性を知ることであなたの新しい道がきっと見えてくる。自分自身を信じて、まだまだある心のちからを発揮してほしい。

悩みの相談をいただいた方も、いまは立派な親になっていることと信じている。そしてできれば、親子でこの本を読んでほしい。

平成二十七年晩秋

著者しるす

目次

本文イラスト──新保韻香

第一章

心のつかいかた

仕事ができる人になる方法

お昼休みの五分間、花の瞑想法で魅力的に変身しよう

お昼休みの五分間、
一輪ざしに自分の好きな花を活け、
心をリラックスさせて、
その花を見つめます。
じーっと見つめて、
その花にだんだん自分を
近づけていき、
その花に自分が入ってしまう…。
それが自在にできるようになると
集中力は倍になります。

気がつきすぎてもいけない

仕事ができる人はどこか違う。

ある広告代理店がおこなったOL意識調査によると、理想的なOL像は「よく気がつく女」だそうです。なるほど、と思わないでもありませんが、ちょっと問題があります。というのは、男性から見ると、よく気がつきすぎる女はともすると小うるさいものです。よく気がつくけれど、どこか間が抜けているところがあるのがよいと思います。

私もどちらかというとよく気がつくほうでした。二十二、三歳の頃、母親にいわれたんです。「あんたは女のように気がつく。私よりも気がつく。それは男としていけません。気がつくことはいいことだけど、気がついたことを表に出さないことです」と。

脳天をガーンと打たれた思いでした。それ以来、気づいたことをいかに気づかないようなふりをするかに、つとめてきました。

女性が「よく気がつく女になりたい」と思って、気がつく行動をするのは、男性にとってはやりきれないものです。

元首相の岸信介さんは非常に頭のいい人だったけど、意外と人気がなかったのです。なぜかというと、目から鼻に抜けるほど気がつきすぎて、なんでも知っていたからです。

気がつく女と思われたいのなら、利口な子だけれど、ときには間が抜けているところもあるんだな、そこがちょっとかわいいな、と思わせるような気のつき方をしなければなりません。よく気がつくけれどスキもある。それが人気を得るこつです。

しかし、ビジネスのうえでは間が抜けていてはいけません。仕事ではじつにしっかりしていてよく気がつくが、つまらないところで間が抜けている。そのアンバランスさが男性に安心感を与えるのです。優越感を与える。仕事でミスし、つまらないところでよく気がつくのでは、男性は逃げていってしまいます。

では、ビジネスでよく気がつく人になるためにはどうしたらいいのでしょうか。

ひとつは集中力、もうひとつは問題意識を持つことです。

集中力とは、たとえばオリンピック競技の五百メートル、スピードスケートのスタート。号砲を待って気持ちをぎゅーっと凝縮し、号砲の瞬間、何百分の一秒でも速く飛び出す。これが集中力の典型でしょうね。

仕事のできる人は集中のしかたを知っています。

まあ、ビジネスでは何十分の一秒のチャンスをパッととらえるほどの集中力は必要ないが、一日に何回か集中しなければならないときがあります。二度か三度くらい集中して打ち込めば、あとは適当に流していてもいいと思います。

瞑想でプロの仕事人になる

その集中すべきポイントを見分けられるのがプロの仕事人です。ポイントを把握するためには、つねに問題意識を持って自分の仕事にあたらなければならない、何が重要かを正しくとらえる必要があるからです。

集中力を養うには、それなりの訓練が必要です。お勧めしたいのは瞑想。といっても、本格的な瞑想は体系に従って修行しなければならないから、手軽におこなえる花の瞑想法をお勧めします。

昼休みでも夜寝る前でもかまいません。一輪ざしに自分の好きな花を活けて、心をリラックスさせ、その花を見つめます。じーっと見つめて、その花にだんだん自分が近づいていき、その花の中に自分が入ってしまう。心を集中するのです。

体はそのままにして心を近づけていく。理屈はいらない。ただもう思えばいいんです。だんだん花に吸い寄せられ、最後にぱーんと飛び込んで花と一体になる。この一体感を得るまで一、二年かかるかもしれないし、一カ月で得られるかもしれない。いいや、一体感は一生得られなくても、これをくり返し続けることに意味があるんです。集中する訓練ですから。

ただ、いつも花を見つめるだけでは飽きてしまう。そこで、ある日はその花がものすごい大木のように思ったり、宇宙のように広いと思ったり、ケシ粒のように小さいと思ったりすればいいんです。

それが自在にできるようになったら、五十種類の映像を描けるようになります。十種類描けるようになっただけで、あなたの記憶力は二倍くらいになっているはずです。

一日三分でもいい、花を使った瞑想を続けると、集中力がアップしてきます。

もしアシスタントがあなたの仕事で、上司が見落としている点に気がついたら、こうアドバイスします。

それは、気がついたことをそれとなく、相手にたずねる形で伝えるのです。そうすると、「あ、そうだね、君よく気がつくね」といわれます。ほんとうによく気がつく人は、ストレートにそれを感じさせないソフトさを持っているのです。

「あなた違うんじゃないの！」といった指摘のしかたではいけません。

よく気がつく女になることは、そう難しいことではありません。大切なことは、気がついたことをむき出しにしないことです。
それには瞑想で心を深めるのがいちばんです。

［一輪ざしの花を見る五分間の「花の瞑想法」］

会社のお昼休みの五分を使って、
集中力を養う瞑想をしよう。
心をリラックスさせ、
一輪ざしの花をじーっと見て、
だんだん自分がその花の中にとけ込む
イメージを思い浮かべるのです。
これを毎日続けると、一カ月もすると
集中力がすばらしくつきます。

美しい人になる方法

鏡に向かって一分間、私は美しいと暗示をかける、
これが心のメイク術

心の持ち方は、
敏感にその表情にあらわれます。
そして、その心はそのまま
人相に定着してしまいます。
この瞑想法は、あわただしい
昼休みではなく、
リラックスした夜寝る前に、
毎日欠かさずやることです。
するとその心が深層意識にきざまれ、
あなたは「美しい人」になります。

心の持ち方で人相まで変わる

「結婚はしたいけど、会社にはろくな男性がいなくて」とこぼしている女性がよくいます。そんな女性に限って、魅力的な女性はいないものです。

そんなことをいうだけあって、美人には違いないが、雰囲気、ムードといったものが顔に険《けん》としてあらわれているんです。この女性は、「ろくな男性がいない」と思っているのだろうが、じつはまわりの男性のほうだって、「いい女じゃない」と思っているに違いない、そう思いますね。

同じ会社の男性がかっこよく見えないのは、家庭で親や兄弟をだらしないと見るのと同じことです。朝の顔は髭づらで、休日はパジャマでごろごろして、とても理想的な男性とはいえません。それが家族です。

会社の男性の場合はそれほどでなくても、上司に叱られたり、ミスしたり、馬鹿話をしているのを年中見ているわけです。そのいやな部分を見せられて、「ろくな男性がいない」という思いを持ってしまう。

でも、そういう女性こそ、決していい女とはいえないのです。男性のアラばかり探し、いつも同僚と男性の悪口や蔭口ばかりいっていると、顔付きが変わってきます。意地の悪そうな冷たい人相になってきます。

人相なんて、そう簡単に変わらないと思うかもしれませんが、そうじゃないんです。心の持ち方は敏感に表情にあらわれます。それが人相に定着してしまう。上手に隠したつもりでも、まず雰囲気に出る。第一印象が悪くなります。人間と人間のバイブレーションで敏感に感じとられてしまうんです。

まず第一に男性のいいところを見てあげることです。すると、あなたの印象も非常によくなります。男性は「優しい女性だ」と思ってくれます。

こちらが好意を示せば、相手も好意を感じます。心がなごやかになり、あなたは自然に、いつもいい表情をするようになり、そうすると、いつのまにか、人相までよくなってくるのです。といっても、ただ笑顔を見せればいいというものではないのです。

そのためには、教養を深めることも大切です。ファッションばかり追っていないで、企業や社会の問題にも耳を傾ける必要があります。一流企業、それに準ずる企業で働く男性は、経済問題はもちろん、世界の情勢にも敏感です。そういう会話も大切です。

といっても、もの知り顔は駄目です。たとえ相手よりくわしくてもそれをひけらかしてはいけません。知っていてもとぼけて、「へえ、そうなの。それはどうして?」と聞くくらいの知恵、思いやりがなければ、いい女とはいえないのです。

奥ゆかしさとは神秘性に通じます。相手にすべてをさらけ出すことをしない。グレタ・ガルボという昔の名女優がそうでした。彼女は自分の私生活を決してのぞかせなかった。そこで神秘的という形容詞をつけられて人気を博した。女性は男性にもっと知りたいと思わせる部分を持っていなければならない。なのに、二回くらいしか会わないのに、家族のことから友だちのことまで、ぺらぺらしゃべってしまう女性が多い。そうすると、男性は興ざめします。

さらに、結婚相手の男性に何を望むかということですね。

結婚相手には実用的ポイントも必要

先日、老人の結婚問題を特集したテレビ番組で、結婚に成功した七十二歳の男性と六十一歳の女性が、それぞれポイントをあげていました。

男性は、一、優しい人　二、料理の上手な人　三、健康な人

女性は、一、優しい人　二、家族の係累がない人　三、経済力のある人

ポイントが実用的ですね。「健康な人」というのは、年を取って結婚した相手が先に亡くなるとか、年中病気じゃかなわないでしょうからね。

「家族の係累がない人」というのは、いろいろうるさいことをいってこられたり、遺産がどうので揉めたくないわけでしょう。

さすがに人生を長く歩んできた人たちだけに、ポイントが具体的、現実的です。

しかし、若い女性となると男性に求めるポイントは、雰囲気がある、格好がいい、話が面白い、センスがある……といったものが多くなるでしょう。

もちろんこういうのも必要でしょうが、結婚となればこれだけでは駄目なんです。

生活能力はあるか、性格は明るいか、といった実用的なポイントもちゃんと押さえておかなければならない。「明るい」というのは実用的でないように思えるだろうけど、大事なポイントです。

人生、順風満帆ばかりじゃないんです。根暗な人は、悪くなったときにどんどん落ち込んじゃって救いようがない。私のところにくる相談でも、「私は頑張ろうとしているけど、夫がどうしようもない」というケースが非常に多いんです。

だから、結婚相手を選ぶときは、一つか二つ、必ず実用的ポイントを条件に入れておくべきなのです。

［美しい人になる瞑想法］

毎日、鏡の前で「私は美しい」と深層意識に暗示をかける。

これが心のメイク術です。

怪盗アルセーヌ・ルパンの物語に、面白いことが書かれています。ルパンが敵と戦って疲労困ぱいしているとき、鏡に向かって、「オレは　元気だ。オレの顔は若くてすばらしい」と、くり返しいいます。すると、顔のしわがみるみる取れて、若い青年のような顔になります。これは極端な例だけど、実際にこういうことが起こりえます。鏡に向かって、「私は美しい。みんなに好印象を持たれている」と唱えれば、やがて実際にそうなります。

あわただしい朝ではなく、リラックスしやすい夜寝る前に、五分でも十分でも毎日欠かさずやることです。

それが深層意識に刻まれ、人相はよくなってくるし、好印象を持たれるようになってきます。これも瞑想のひとつです。

思いを深層意識にたたき込めば、思いは実現するのです。

もうひとりの自分を知る方法

朝晩の短時間瞑想が、あなたを元気にする

心には表層意識と
潜在意識があります。
この潜在意識があなたの知らない
もうひとりの自分です。
この意識がストレスで傷つくと
あなたの思考に深い影響を与えます。
この傷を取り除くには潜在意識を
空っぽにすることが大切です。
そして、その最も効果的な方法が
朝晩おこなう短時間瞑想なのです。

心の中にいる知らない自分

プレイガールというと少しニュアンスは違いますが、最近はわけもなく男性と遊ぶ女性が多いようです。結婚を前提とした交際でもない、恋愛のための恋愛といった付き合いでもない、お互いに心の負担のない男女関係だそうです。

職場のエリート男性と軽く付き合い、ハンサムな新入社員が入ってくるとすぐにちょっかいを出し、年上の課長も渋くてちょっといい、といっては交際をする。一般的な交際ならいいことですが、平気で男女の関係にまで進んでしまう。そうして、自分では、どうってことない、と思っているようです。

まじめな恋愛を、重くてしんどい、と避け、ひとりの男性にとらわれず、気楽な男女関係を望む。精神的には浅いのに、肉体的には深い関係というわけです。

でも、女性は精神的にも肉体的にも男性を受容するようになっています。受容は子どもを産むということにつながっており、非常に深いものです。肉体と精神を切り離すことはできません。いくら心の負担はないといっても、肉体的に男性を受け入れているかぎり、強い影響があるのです。

じつは、どうってことない、と思って、愛のない関係を続けていると、心が傷ついていきます。心の負担にならない関係なのに、どうして心が傷つくの……と、あなたは思うでしょう。

潜在意識が行動にあらわれる

心という意識には、表層意識と潜在意識があります。あなた自身が思ったり、考えたり、感じたりできる範囲のそれを表層意識といいます。その奥の無意識の意識とでもいうべきものが潜在意識です。あなた自身が心の奥底に持っている、知らない自分なのです。

男遊び、つまり愛のない男女関係で傷つくのは、潜在意識のほうです。

どうして傷つくのか、ということですが、それはこういうわけです。

女性は、胎児のときから、限られた数の原子卵胞を抱いてこの世に生まれてきます。そしてその卵子の中から厳密にセレクションして、この大事な卵を私の選んだ人にあげたい、というのが、女性の性なのです。

私の選んだ人という感情は「愛」につながるものというべきでしょう。自律神経系の生理機構《ホメオスタシス》と潜在意識は、体の深層（脳といってもよい）で厳密に結びついているのです。

男性の生理機構はこれとはまったく別で、愛なき男女関係で女性のほうが傷つくというのは、こういうところに原因があるのだと私は考えています。

しかし、あなた自身の表層意識は傷ついたとは思っていないかもしれません。ところが潜在意識は傷つき、その潜在意識はあなたの行動や思考に深い影響を与えています。潜在意識の抑圧、言葉をかえれば心のストレスはあなたを苦しめます。

たとえば、わけもなく不安になったり、イライラしたり、被害妄想に悩まされたり、ヒステリーを起こしたり……といったことが多くなります。それは意識下の心のストレスが原因なのです。

ずっと年上の人を好きになる人が増えている

いま、男遊びをくり返して心のストレスがたまるといいましたが、その逆もあります。

すでに潜在意識に抑圧があって、そのためまじめな恋愛ができないというケースです。むしろ、こちらのほうが多いようです。

自分の父親ほども年上の部長、課長が優しくて頼りがいがあって、そばにいると安心できる、と彼女たちは口をそろえます。

これは一般にファーザー・コンプレックスと呼ばれるものですね。彼女たちもまた潜在意識に抑圧を受けています。調べてみると、必ずといっていいほど家庭に問題があります。

幼い頃、両親がことあるごとに喧嘩をし、父親が母親を殴ったり、激しくののしり合ったりしています。あるいは父親があまり家に帰ってこず、母親が幼い彼女につらくあたったりしています。親子のスキンシップがなく、親から愛情をかけられなかったんですね。

それが心の傷となって、ずっと残っているのです。彼女は覚えていないし意識していないというが、潜在意識に刻まれていて行動や思考に影響を与えています。

彼女が好きになる人はいつもずっと年上で、中学や高校のときは先生ばかり好きになったりします。親の愛情を無意識に求めているんですから、当然です。それが会社に入ってから、部長、課長といった年齢の男性に取って代わったにすぎません。

といっても、このような関係でほんとうの安心感、心の安定が得られるわけはありません。会社のみんなに知られて気まずくなったり、相手が家庭騒動を起こしたりで、よけいに傷つきます。

傷つくのを恐れて、心の負担にならない男女関係を求めるのでしょうが、それでも前に述べたように心のストレスはたまります。

心のストレスを取り除くには、表層、潜在意識とも空っぽにしなければなりません。その最も効果的な方法が瞑想です。瞑想については私の著書にくわしく書いてありますので、興味のある方は読んでください。

［自己暗示によるストレス解消瞑想法］

イスに腰をおろし、後ろにもたれて楽な姿勢をとる。

手は太モモにのせ、両脚の力を抜く。

まず「右腕が重たい」と頭の中でゆっくり、くり返しいい、間に「気持ちが落ち着いている」という言葉を挿入する。

右腕に重たさを感じられるようになったら、左手──→脚と順におこなう。

つぎに「右手が温かくなってきた──→指先まで温かくなってきた──→気持ちよい温かさだ──→腕が熱くなってきた」と暗示をかける。

言葉は自分の好きなようにつくっていいが、結果的に「温かいと感じる」ことがポイント。

これも左手──→脚と順におこなう。

この自己暗示法は朝目覚めたときか、夜寝る直前にやるのがいい。
眠いときは脳の働きもゆるやかで、暗示にかかりやすいからです。
これでリラックスできれば、ストレスがどこかに吹っ飛んでしまいます。

心を元気にする方法

傷ついたあなたの心を
「なんその法」が
元気にする

社内恋愛で失敗したら、
職場にはいづらくなるもの。
それでつい恋愛に臆病になってしまう。
でも、結婚を考えての社内恋愛なら、
それなりに覚悟を決めなければなりません。

社内恋愛はいやがられる？

職場での男女の立場は、主任と補佐、営業と事務といったようにいろいろです。でも男女が緊密なチームワークを組んで仕事していたならば、そこに恋愛感情が生まれるのは自然なことです。

会社や上司がそれを押さえつけるのは不健康だと思いますよ。とはいっても、恋愛がうまくいってもいかなくても、仕事になんらかの影響があるのは事実です。会社の中で仲よくしすぎたりして仕事が二の次になってしまうとか、恋をすることで急に仕事に意欲を持ちだしたとか、悪い面もいい面もあるわけです。

部長、あるいは課長という上司が男性の場合、社内恋愛を快く思わないのは二つの理由があります。

ひとつは嫉妬です。男性はそのＯＬが好きでなくても、他の男性（とくに自分の部下）を好きになられると、面白くないという気持ちがあります。

もうひとつ、課長や係長といった中間管理職は、ビジネスに悪影響が出ることを嫌います。その上の部長なり重役なりに管理能力を問われかねないからです。

その時点では影響がなかったとしても、いずれ出るだろうと心配し、それとなく会社を辞めるように求めるわけです。結婚退社、あるいは社内恋愛に失敗しての転職など、その例でしょう。

結婚退社はおめでたいことだからいいとして、問題は社内恋愛に失敗したときでしょう。

ある大手の商社に勤める女性から、こんな相談を受けたことがあります。

「相手はエリートだったんだけど、すごいマザコンでついていけなくて別れました。会社の女性同僚はもちろん、男性社員まで私たちの仲は知ってました。

彼と別れたとたん、同僚は親しく付き合ってくれないし、男性社員も冷たいんです。でも、せっかく一流商社に入れたんだし、社内でもっといい男性が見つかるかもしれないので、辞めたくはないんです」

冷たいようですけど、これは会社を辞めたほうがいいと答えました。というのは、この女性は結婚を求めているからです。社内でもし新しい男性が見つかったとしても、彼女の「過去」に気づきます。

過去を気にするなんて古いわ、とあなたはいうかもしれません。でも口でどういおうと、男性は女性の「過去」を気にします。

知らなければいいのですが、同じ社内であればいずれ耳にします。そうすれば男性の心にわだかまりが生じ、何かのきっかけでひょいと顔を出します。ちょっとした口論でも「あの男とはどうだったんだ？」というふうにエスカレートしないとも限りません。

社内恋愛は賢くやる

古いようですが、縁談というのはひょんなことでも発生するかわり、たあいないことからでも崩れます。マイナス材料はできるだけ相手に与えないほうがいいのです。深く愛し合ってからなら多少のことでは動じないでしょうが、恋愛のはじめは案外脆《もろ》いものです。

そういう状態に追い込まれたとき、会社を辞めるか辞めないかの判断は、社内恋愛関係の深さの程度と、社内に「味方」がいるかどうかです。映画を見たり、食事やお酒を付き合った程度なら、まわりに知られていたとしてもどうってことはないでしょう。

でも、深い付き合いをみんなが知っているのなら、やはり心機一転して職場を変わったほうが結果的にはあなたのためです。

ただ、会社の上司にもいろいろなタイプがいます。つらくあたる上司もいれば、かばってくれる上司もいます。同僚もさまざまです。

あなたが社内恋愛に失敗したとき、みんなが「ざまーみろ」といったような顔をしていたのかどうか、あなたに同情して、あなたを弁護してくれる同僚が何人もいて、あなたをかばってくれる上司もいたならば、会社を辞めなくともいいでしょう。頭を低くして嵐が通りすぎるのを待てばいいわけです。

社内恋愛は勇気がなければできません。覚悟を決めて始めなければなりません。好きになったからと感情にまかせて突っ走った結果、失敗して会社にいられないといった状態になりかねないのです。

でも、逆にいえば、覚悟がなければ社内恋愛――結婚への道が開けないのも事実です。

そういう覚悟が必要であるだけに、周囲への慎重な気配りを忘れてはいけません。ともすると、有頂天になってしまって、同僚にいろいろしゃべってしまう。相手は必ずしも共感してくれているのではないのです。内心反発していることだってあるのです。

恋は盲目、といいますが、いろいろな意味でこれは禁物です。失敗すると、あなたも傷つくけれど、相手も傷つくのです。

やはり社内恋愛は秘密にし、親しい同僚にも絶対内緒で通し、その間によく相手を観察し、結婚する相手でなかったらそのまましらばくれ通したほうがいいと思います。

賢い恋をしてください。

それでも傷ついてしまったら、「なんその法」があなたの心を癒やしてくれます。

［心を元気にする「なんその法」］

体をまっすぐに伸ばして仰向けに寝る。

体の力を抜き、目を閉じる。

鼻の先に一枚のごく軽い羽毛がついていると考え、その羽毛が動かないように呼吸をととのえる。

にわとりの卵くらいの丸薬が額の上に乗っていると思う。

この丸薬が「なんそ」でバターのように柔らかい。

「なんそ」を額に乗せ、高い山の頂の樹木や草花に囲まれた庭園の真ん中に、ベッドを置いて寝ている自分を思い描く。

日が昇ってきて、そのぬくもりと体温とで「なんそ」が溶ける。

溶けて頭、耳、首、肩、胸、腹、背中と流れ、体内のすべてにしみわたり、自分の体を洗い清めてくれる……と思う。

やがて……、「なんそ」は両足のつま先からしたたり落ち、ベッドにた

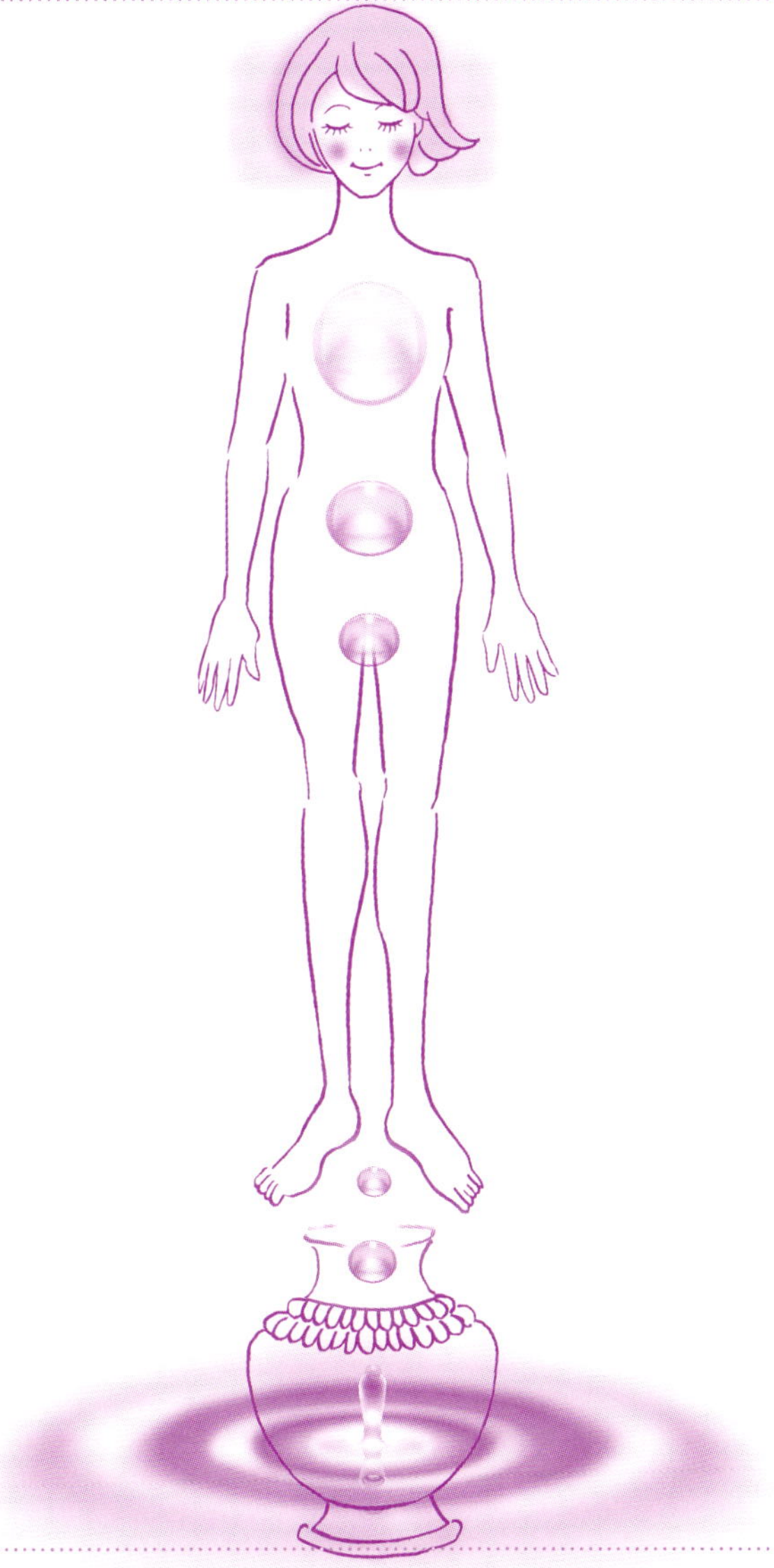

まり、それに体を浸す。

「なんそ」の風呂のように……と思う。

最後はベッドから徐々に流れ落ち、壺の中におさまる……と思い描く。

これをとどこおらずに思い描くのは難しいが、くり返しくり返しおこなってできるようになれば、恋の病どころか病気も治ってしまいます。

注—なんそ＝牛の乳から製したバターかチーズのようなもの。

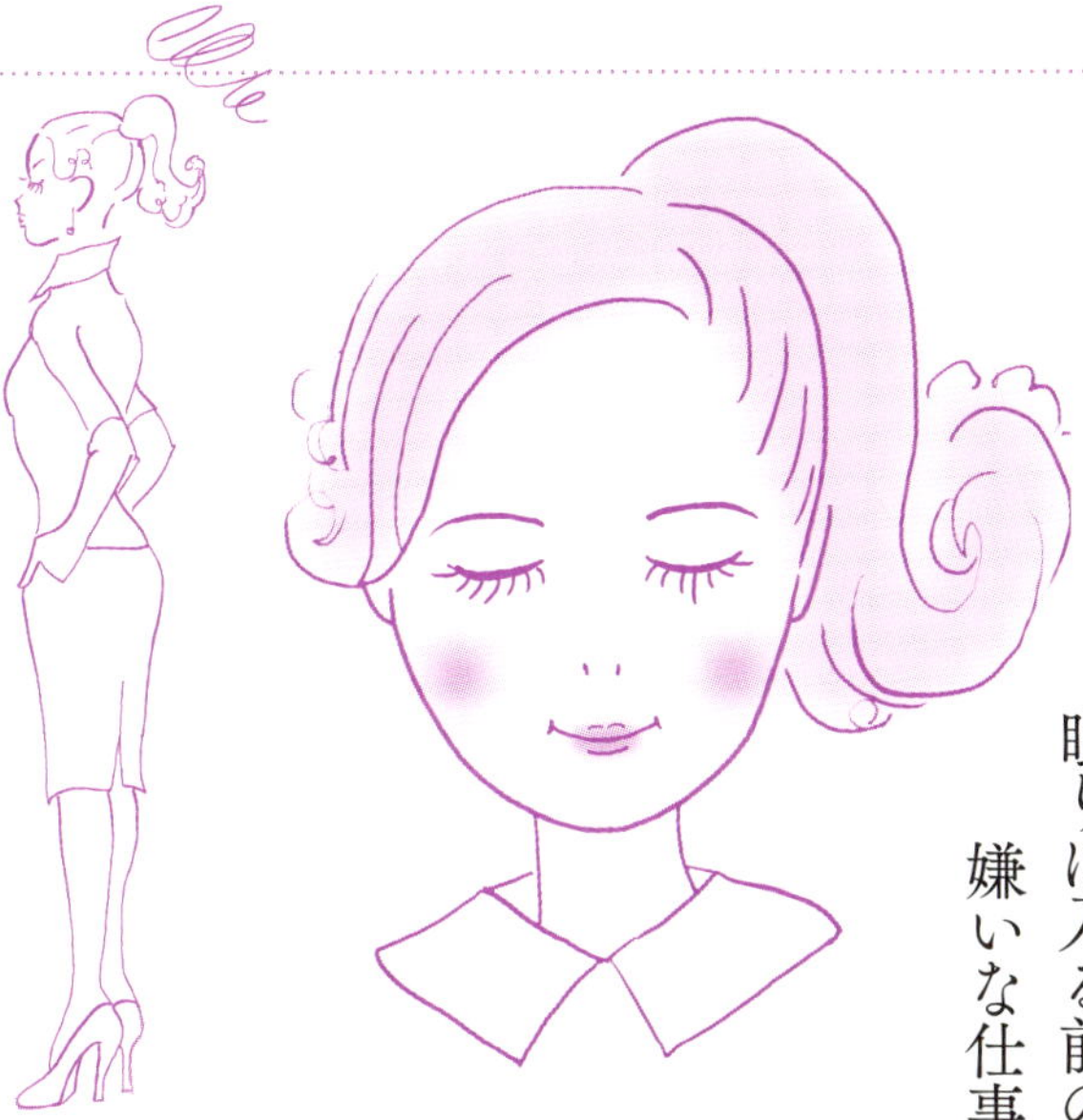

嫌いな仕事を好きに変える方法

眠りに入る前のリラックス瞑想で、嫌いな仕事を好きに変える

いまの仕事は自分には
向いていない。
あるいは職場の人間関係が
うまくいかないなどと、
不満を持つ人は
少なくありません。
でも、そのような気持ちで
いても、損をするのは
あなたのほうです。

あなたに向かない仕事はない

私にはこの仕事が向いていない、どうも職場が楽しくない、といって相談にくる人がいます。毎日毎日伝票整理とコピーとりばかりとか、一日中コンピューターの画面とにらめっこ、虫のすかない上司がいる……などと、理由はさまざまです。

このまま現在の職場で我慢していたほうがいいのか、心機一転して職場を変わったほうがいいのか、私に決めてほしいといってくるのです。

そういうとき、私は「なぜ我慢しなければならないのか」と聞きます。

するとすぐに「やっぱり転職したほうがいいんでしょうか」といってきます。

私がその人に聞きたかったのは、その職場にいることを我慢するしかないのかということです。楽しいこと面白いことはまったくないのか、と聞きたかったわけです。そうすればたいていの人は「少しはあるけど、楽しくないほうが多い」と答えます。

確かに、私は密教の秘法を用い、その人の性格や職業の向き不向きがわかります。でも、その人がその職業でなければならないというのは、よほどの天才だけです。ふつうの人であれば、どんな職業についてもそれなりにやっていけるものです。

ですから、あなたが天才でないかぎり、向かない仕事はないわけです。コピーとりはいやだ、コンピューター画面ばかりで、面白くないと思う気持ちが、この仕事に向いていないという悩みのもとなのです。適職をうんぬんするほどの大きな問題ではありません。

といっても、だれでもみんなから注目されるような部署で、大いに活躍したいと思うでしょう。若い人に人気の部署は広報、広告関係だそうですが、コピーとりよりはそちらに配属されたいと願うのは当然だと思います。

でも、希望の部署に行けないからといって、仕事に向かない、職場が楽しくない、といい出すのはどうでしょうか。そう思っているうちは、ますます希望の部署が遠のくはずです。

仕事をするなら、実力を身につける必要があります。運を自分のほうへ引き寄せる努力も必要です。「どうせ私は……」とあきらめていては、仕事はうまくいかないし、職場が楽しいわけはありません。

自分に力をつければ運が向く

では、どうしたら実力を身につけ、運を開くことができるのでしょうか。

やはり勉強です。

人生の先輩たちが体験をもとに書いた本を読み、それを自分なりに考えて理解し、実践に生かして経験を積む。さらに本を読み、考え、経験するというくり返しの中で、ものごとを理解する実力がついてくるのです。

私は、学生時代からずっと文学を勉強してきました。とことん深く学ぼうと努力してきました。後年、私は囲碁を始めて三年で日本棋院の五段になったのです。五十代後半の者としてはまれな例だそうです。

それは、じつは文学を深くやってきた理解力がものをいったのです。囲碁の打ち方をバラバラに分解し、私なりに組み立てました。理解力があったからできたのでした。

理解力とは、なんでもひとつでいいからとことん極めることから生まれます。あなたの得意な分野、英会話でも経理の仕事でも宣伝や販売のことでも徹底的に勉強して、これだけはだれにも負けないというものを持つことです。理解力はつくし、自信もつくはずです。

そうすれば仕事がどんなものか、よく見えてきます。完璧に理解し、正確にこなせるようになるでしょう。評価も高まります。やがて自分の希望する部署にも行けるはずです。

「この仕事に向いていない」ということは、その仕事を理解していないということです。その努力をなおざりにして新しい職場に移ったとしても、また同じ思いを抱くことになります。

もうひとつ、「職場が楽しくない」と思う原因は、仕事のほかに人間関係があります。上司や同僚とうまくコミュニケーションができない、いやな上司がいる、嫌いな人とコンビを組まされた、などです。でも、これも「いやだ、嫌いだ」と思うのはあなたの気持ち、あなたがそう思っているから、その思いが自然に相手に伝わり、コミュニケーションがうまくいかないことが多いのです。

仕事を好きになる、仕事仲間を好きになること、もっといえば面白くない仕事も、嫌いな同僚も好きになるように努力すれば、職場が楽しくなります。そのための瞑想法がありますので、一度試してみてください。

［人間関係を変えてしまう瞑想法］

夜寝る前、リラックスして、瞑想します。

嫌いな相手の顔を思い浮かべ、つぎのようにつぶやきます。

（声は出しても出さなくてもかまいません）

わたしはあなたが好きだ。

それはあなたがいい人だからだ。

あなたは親切で心の温かい人だ。

あなたはとてもいい人だ。
だからわたしはあなたが好きだ。
その人と楽しく仕事をしているところを思い浮かべながら、そのまま寝ます。

［嫌いな仕事を好きに変える瞑想法］

要領は前と同じ。
わたしはこの仕事が好きだ。
わたしはこの仕事が得意なんだ。

身を入れてやれば仕事がどんどん面白くなります。
これを毎日くり返せば、仕事や職場に対する悩み、不満はどこかに消えてしまいます。

健康的にやせる方法

スリムにやせるダイエットではなく、健康的にやせるダイエットをしよう

若い女性の間では相変わらずダイエットがさかんですが、
へたをすると栄養のバランスを崩し、
かえって不健康になりかねません。
栄養学の正しい知識を身につけないと、
健康が保てなくなってしまうからです。
ほんとうに魅力的になるには、
やせているか
どうかではなく、
健康かどうかが
問題なのです。

元気な女性と結婚したい

私は体験から、元気な女性と結婚したいと思ったものです

若い女性の間でダイエットが流行しているようですが、頑張りすぎて拒食症になったとか、貧血でふらふらになったという話も聞きます。

女性はスリムなほうがもてる、と勘違いしているんだと、私は思いますよ。

男性の立場からいうと、スリムな女性が好きな人もいるし、ぽっちゃり小太りの女性を好む人もいます。男性はだれでもやせた女性を好むと思い込んでいるとしたら、大変な誤解です。

貧相な感じのやせた女性より、ちょっと肉づきのよい肉感的な女性のほうが好感を持たれます。ただ、病的に太っているのは問題ですね。男性は結婚を考える場合、頭がいい、美人だ、チャーミングだということばかりでなく、健康かどうかも気にするんです。

私も母が病身だったものですから、結婚する女性の健康は気になりました。母は

いつも薬くさい感じで、父が朝出かけるときはさすがに起きるけれど、帰ってくる頃はへとへとになっていて食事の仕度もできないことがありました。

父はかなり寂しい思いをしたと思いますね。だから、私は元気な女性と結婚したいとつくづく思ったものでした。

やせているか太っているかではなく、健康であるかどうかが問題です。

やせたいからといって、昼食にレタスのサラダを食べ、あとはコーヒーを飲んだりするだけでは、体がガタガタになってしまいます。

北極を探検に行った初期の頃の話ですが、エスキモーの子どもたちにチョコレートやキャラメルをあげたら、ひと口で吐き出してしまったそうです。

彼らはほんとうに自然のものを食べていましたから、人工の塊のようなチョコレートなどを受けつけなかったんです。健全な味覚をそなえていて、体によくないものは異物として拒否してしまう。じつは、それが健康な体なんですね。

栄養学というのは、教養でもあり常識でもあります。タンパク質、ビタミン、ミネラル、炭水化物の四種をバランスよく摂ることです。バランスさえ保たれていれば、砂糖のたっぷり入ったチョコレートやケーキを体が求めるはずがありません。体に必要な糖分は炭水化物が分解されてできるわけですから、砂糖などいらないんです。

甘いものを食べたがる女性は、偏食によって栄養のバランスが崩れているわけです。だから、ダイエットが必要なほど太ってしまっているんですね。

いまの野菜は昔と違う

トマトは昔のトマトに比べ、ビタミンC含有量は非常に少ないですね。

現代の栄養に対する知識にはかなりの問題があります。

正しい知識を身につけないと、健康が保てなくなってしまいます。

たとえば、肌を美しくすると人気のビタミンC。トマトは昔からビタミンCの宝庫といわれてきたけど、現代のトマトは昔のトマトと比べてビタミンC含有量が大幅に減っているといわれます。トマト以外の食べものも似たようなものでしょう。

とすれば、私たちはふつうの食事では栄養失調になってしまいます。

そこで、私はサプリメント（栄養補助食品）を用いています。

まずタンパク質は植物性と動物性を一緒に摂ります。そうすると効率が百パーセントになるんです。大豆からつくられたプロテインの粉末を牛乳に入れて飲みます。

繊維質を補うためにスピルリナを摂る。スピルリナとは藻の一種で、八十パーセントが植物性タンパク質です。

それに、ビール酵母。これはビタミンB群の宝庫です。

さらに、発ガン物質を取り除くセレニウム。カルシウムとマグネシウムは二対一の割合で摂らなければいけません。

といっても、これを個々に食べものから摂るのは大変だし、実際の食生活では不可能でしょう。私はサプリメント、総合ビタミン剤で摂っています。

あとは野菜です。生野菜を食べるより、青い野菜をバターで炒めるとか、水をあまり入れないで軽く蒸して食べるといいんです。私はほうれん草、小松菜、京都でとれる広島菜などを食べています。くたくた煮ないかぎり栄養価は落ちないし、生野菜より多く食べられます。そのかわりビタミンCは減りますから、錠剤で摂っています。

現代はストレス社会ですから、ビタミンCやEは厚生省が発表しているより多くの量が必要ですね。

あとは運動です。いくらビタミンやミネラルを十分に摂っても、運動しないと体の中で活性化されません。

このように栄養学は非常に大事であり、ダイエットをする前にしっかりと学んでおくべきです。

結婚を考える男性は、スリムより健康であるかを気にします。

正しい食事を摂る方法

貧血が一週間で解消してしまう、緑のサラダ朝食を始めよう

体の不調をうったえる女性は
相変わらず多いようです。
スタミナがなく、根気も続かず、
すぐふらふらになってしまう。
これはすべてかたよった食事からくる
貧血が原因なのです。
ダイエットもいいけど、バランスを欠いた
食事では健康は保てません。
それには先人たちの「食べ合わせ」の
知恵からも学ぶことです。

白いサラダばかり食べてませんか？

若い女性に貧血が増えているそうです。朝、なかなか起きられない。起きても頭がぼーっとしていて動けない。中には、それを自慢げに「私、低血圧で貧血ぎみなの。だから、朝が弱いの」などという人もいます。

ぼーっとした頭をスッキリさせるためにコーヒーを飲む。それだけで他は何も食べないで出勤する。昼食はといえば、ダイエットのためにサラダを食べておしまい。これじゃ貧血になっても当然です。

スタミナがなく、ちょっと仕事がきついと、ふらふらになってしまいます。体の栄養バランスが悪いためにストレスに弱く、神経が過敏になり、何かあるとすぐに腹を立てたり、ヒステリーを起こしたりします。

すべて、食事のかたよりからきているのです。

あなたはどんなサラダを食べているのでしょうか。レストランで出るサラダは白い野菜が多いはずです。セロリ、レタス、キャベツが中心です。白くツヤツヤしているから見た目もよく、女性に好まれます。でも、白い野菜だけではいけません。多くのビタミン類や栄養素を含んでいる緑の野菜を摂らねばなりません。

しかも、緑の野菜は生では消化しにくいのです。生野菜を食べてそれでいいと思っているのは、自己満足なんです。ほうれん草、小松菜をおひたしにしたり、胡麻あえにしたり、あるいはバターで炒めたりして食べるべきです。

貧血というと、すぐにレバーを思い浮かべる人もいるでしょう。確かにレバーは栄養を含んだいい食べものです。でも、食べすぎると肝臓を悪くしてしまいます。レバー単独で食べないで、グリーンの野菜と一緒に炒めればいいのです。レバー三割、野菜七割の比率がいいでしょう。

バランスのとれた食べ合わせが、あなたの健康美をつくる

スタミナ不足をステーキで補う人もいます。牛肉は動物性タンパクだから、なるほどスタミナはつきます。私も肉が好きで、若い頃は一度に三百五十グラムも食べ

ていました。その後、植物性のタンパクも必要だということで、大豆を食べはじめました。すると、ステーキは百五十グラム以上食べられなくなりました。体内のタンパクが十分だから、受けつけなくなったのです。

大豆はすぐれた植物性タンパクであり、重要な栄養素レシチンを含んでいます。レシチンは脳を活性化し、ぼけを防ぐといわれています。といっても、特別な食べ方を考えることはありません。ボウルいっぱいの大豆をひと晩水に浸しておき、やわらかくなったものを煮るだけです。砂糖も塩も化学調味料も使わずに煮て、食べるときに少し醤油をつける程度です。これをぽりぽり食べる。

だから、ステーキ二百グラム食べるところを、半分の百グラムにして、残りは大豆にすればいいのです。ただステーキを食べるときは必ずじゃがいもを食べること。じゃがいもは牛肉の消化をたすける働きがあるからです。

レバーとほうれん草か、小松菜の炒めものや、大豆、コーヒーやお茶の代わりに牛乳を飲めば、貧血など一週間で治ります。

食べものは反応がとても早いですから。そう、納豆を食べればいいのです。朝食は納豆にワカメのみそ汁、ほうれん草のおひたしで十分です。
おひたしにはカツブシをかけるのです。化学調味料じゃ駄目です。カツブシは足りない動物性タンパクを補うバランスのとれた食べ合わせです。大根おろしにしらすを入れるのも同じことです。昔の人の食生活の知恵にはちゃんと意味があるのです。

コーヒーをガブ飲みし、タバコを吸っていては、ビタミンやミネラルがどんどん破壊されてしまいます。貧血を助長し、悪循環になってしまうのです。すると、必ず不眠症になります。朝起きれない、覚醒させるためにコーヒーを飲む……体はいよいよおかしくなってきます。

女性には子どもを産むという大事な役目があります。貧血で栄養失調の母親から生まれた子どもは、赤ちゃんのときは夜泣きばかりし、幼児性の神経症、ノイローゼになり、さらに登校拒否、家庭内暴力へとつながっていきます。

ダイエットもいいけれど、まず貧血を治す食生活を考えてほしい。

そして、恋をして結婚を考える相手ができたら、将来の生活設計の中に食べものの話も含めてほしいですね。お金をかけたおいしいものが、決していい食事とはいえないのです。

「食べ合わせ」というのは、昔の人の生活の知恵なのです。

［貧血を治す健康食五か条］

第一条　レタス・キャベツより、ほうれん草・小松菜の緑のサラダを！

第二条　貧血にはレバーがよいが、三対七の割合で野菜を七割とるとよい。

第三条　牛肉にじゃがいも、おひたしにカツブシ。昔の人の食生活の知恵。

第四条　大豆、ほうれん草、レバー、牛乳。これで貧血は治る。

第五条　桐山式健康朝食は、納豆にワカメのみそ汁、ほうれん草。

結婚しても仕事を続ける方法

自分を確立しつづければ、まわりも、結婚相手も、仕事をすることに理解を示す

結婚後も仕事を続けるべきかどうか、迷う人は多いようです。

それには夫の理解が不可欠です。

また、自分たちで考えるだけではなく、上司や友だちなどの客観的な目で判断してもらうのもいいでしょう。

さらに、結婚を幸せにするためには、教養を身につけ視野を広げるなど、自分を確立し、魅力的になることも大切です。

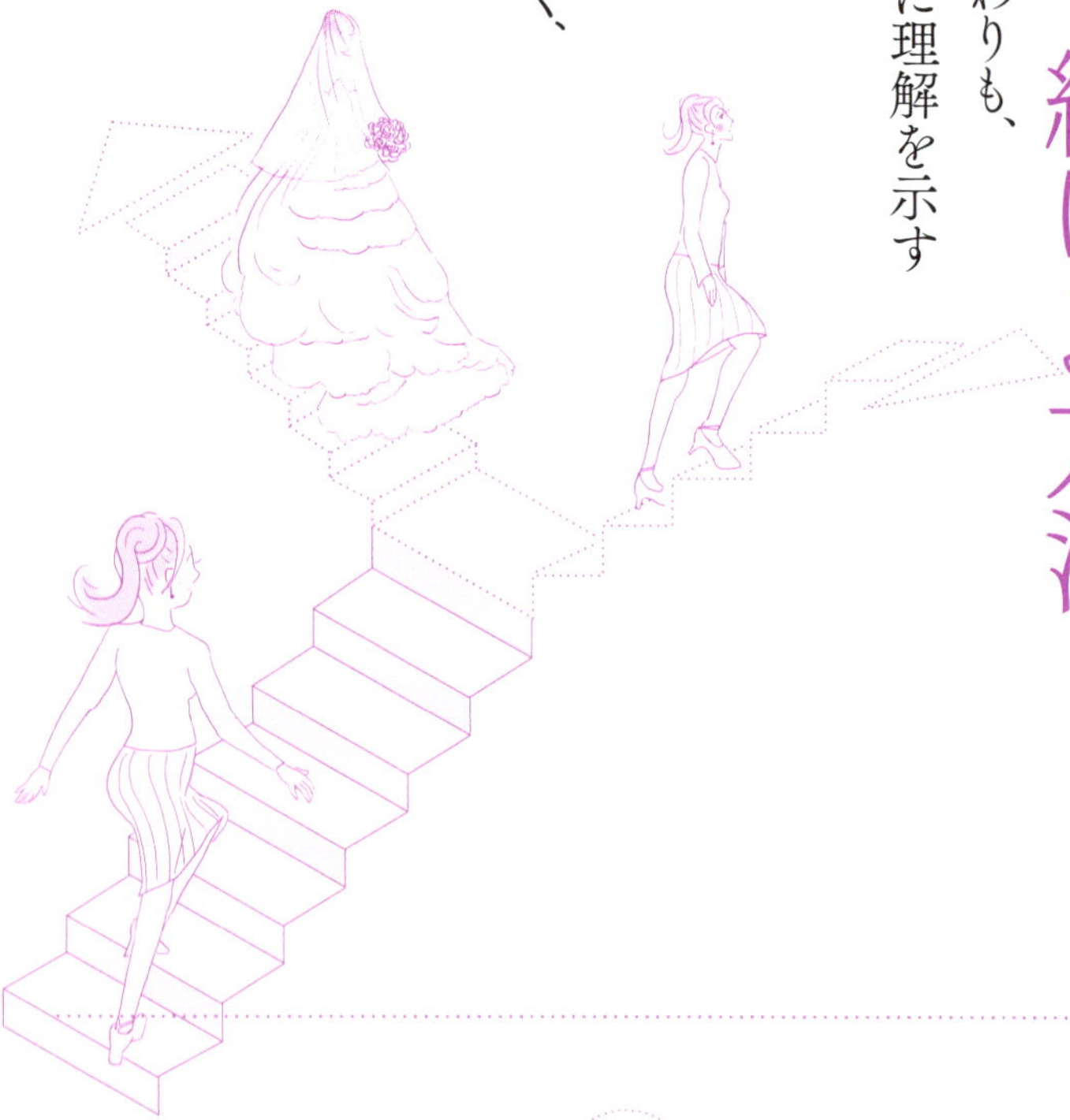

妻が働くことに理解を持つ夫も、心のどこかに不満が……

結婚して仕事を続けるか、辞めるかはとても迷うところです。仕事と家庭の両立に自信がなく、仕事を続けたいから結婚に踏みきれないという人もいるでしょう。

いまの時代は、どこの会社でも女性の力を借りなければやっていけません。むしろ女性の力が推進力となっています。結婚後も女性が仕事をすることは大事ですし、歓迎すべきことです。

でも、実際に結婚して仕事を続けるとなると、非常に厳しいものがあります。月並みないい方ですが、やはり夫の理解、包容力がないとつとまりません。

私の修行時代、妻が歯科医として支えてくれました。妻の経済力や努力に感謝しながらも、やはり不満を覚えたこともありました。もう少し早く食事にしてくれないかな、などと。それでも私は理解があるほうで、子どもたちを風呂に入れてやったりと、妻に協力してきました。

理解していても、心のどこかで不満を感じることもある。それが男性なんです。

やはりあなたも未来の夫になる男性と、よく話し合うべきでしょう。独断で、仕事第一はあたりまえ、と決めつけていると、衝突することになります。

仕事を続けるべきかどうかは、客観的に判断するのがいちばんです。キャリアウーマンとしてやっていくには、あなたにスペシャリストとしての能力があるかどうかを見極めなければなりません。きたんなく批評してくれる上司に、それを評価してもらうのがいいでしょう。

そういう上司を持つためには、ふだんから人のアドバイスを謙虚に聞くことが大事です。人間ならだれにでも自惚《うぬぼ》れがありますから、自分で自分を評価するのと、他人が評価するのとは違います。

つぎに、あなた自身がその仕事を非常に好きかどうか、自分に問いかけてみましょう。

「好きこそものの上手なれ」という諺《ことわざ》もあるように、好きな仕事ならば集中力が出てくるし、熱心にもなれますから、能力以上の働きができます。

ただし、裏返しで「下手《へた》の横好き」という諺もあるとおり、その仕事は好きなのだが、まわりに迷惑ばかりかけていることも考えられます。これも上司、あるいは職場の親友から評価してもらいましょう。

その際、ひとりよりも複数の人に評価してもらったほうが、より客観的な自分がわかるでしょう。

結婚してからの幸せは、あなたの努力が実らせるもの

でも、私は能力があるのだから仕事を続けなければならないと、決めつける必要はないと思います。キャリアウーマンとしてやっていこうと思っていたけど、好きな男性があらわれて結婚したくなり、その男性に「家庭を守ってほしい」といわれたら、仕事を辞めて家庭に入るのも悪いことではありません。なりゆきしだい、というといいかげんに聞こえますが、最初から決めてそのとおり実行しようとしてもできないのが人間なんです。ころっと変わったとしても、それはそれでいいのです。

仕事を選ぶか結婚を選ぶかで迷っている人もいるでしょう。逆説的ですが、好き

な仕事を捨てても結婚したいと思えない相手ならば、たいした男性ではないということです。

もっとも、そういう相手もいないけど、結婚したいと心から思うならば、見合いでもして結婚してもいいのです。結婚して幸せになれるかどうかなんて、最初からわかるものではありません。いってみれば賭けみたいなものです。自分の心を賭けて、努力するしかないのです。

その努力を実らせられるかは、あなたしだい。あなたが自分を確立していて、男性にとってつねに魅力ある女性であるかどうかです。自分の確立というのは、現代の女性ならば、好きな仕事に打ち込んで、年齢とともに趣味や教養を広げていくことです。

仕事だけはうまくこなすけど、社会的な常識や教養、視野の広さがなくてはバランスに欠けます。それでは男性とわたり合うことはできないし、自分を確立しているとはいえません。

二十三歳のときと二十六歳のときと同じではいけないのです。二十六歳なら二十三歳よりずっと向上していなければなりません。自分の確立というのはある時点で終わりではなく、その年齢に応じて積み上げ、レベルを高くしていくものです。そのための努力を続けていくならば、結婚して家庭に入るにしても、仕事を続けていくにしても、うまくやっていけるはずです。

つねに魅力ある女性ならば、妻が仕事を続けたいというなら、夫は協力を惜しまないでしょう。

自分の確立というのは、その年齢に応じて積み上げながら、レベルを高くしていくことです。

運をよくする方法

運をよくするには、
まず心を明るく陽気にすること

人の運勢には、よい年まわりと
悪い年まわりがあります。
だれでも一生運がよいわけではなく、
一生悪いわけでもありません。
悪い運を転換させるには、
まず心を陽気に明るくすることが大切です。
また、運には先祖からの
家系的なつながりもあります。
運をさらによくするには、
先祖の墓参りなどの供養をすることも必要です。

自信をなくしたときには、明日は運がよくなると思おう

性格的に落ち込みやすい人とそうでない人がいます。落ち込んでしまうと仕事は手につかない、食事ものどを通らない、まるでこの世の終わりみたいにしょげてしまう人がいます。かと思うと、最初は少し落ち込んでも、すぐに気持ちの切り換えができる楽観的な人もいます。

いずれにしても健全な社会人であれば、落ち込んで自信喪失し、自信を取り戻す努力をし、そのくり返しで成長していくわけです。

私など、いまでは自信過剰のように見られていますが、かつてはマスコミの心ないひと言で傷つき、落ち込んでいたこともありました。

でも、落ち込んでばかりもいられない、だれが何をいおうと自分は自分なんだ、自分の信念はいったい何なのかと、自分の目標と信念を頭に描いて、他人の発言で自分を失ってはしょうがないと思ったものです。

落ち込み、自信喪失する原因は、よく考えてみればたいしたことではないのです。

人に悪口をいわれたとか、批判されたとかで、いっぺんに落ち込み、自信喪失してしまうことが多い。難しいものです。

私のところにもたくさん相談がきます。仕事でうまくいかなくて落ち込み、自信を失ってしまったといってくる人も少なくありません。

いつもいつも、仕事がうまくいくはずはないのですよ。人間だれでも似たりよったりで、ツキのある人間がツキのあるときにたまたまうまくいっただけ。完全主義に相応するほどの能力はない、失敗するのが相応なんだと割り切るように、と答えます。

運勢には運のよい年まわりと悪い年まわりがあって、だれでも一生運がいいわけではなく、また悪いわけでもないのです。

ただ、問題は運が悪いときに「私は運が悪い」と落ち込んでばかりいると、せっかく運がよくなったときも悪いままです。逆に、運が悪いときでも、「私は運がいい、運が強い」と思ってやっていると、それほど運が悪くならないのです。

運《うん》とは何かというと、軍《いくさ》をしんにゅうすると書きます。軍《いくさ》、つまり戦争は命がけのもので、それにさらにしんにゅうがつく。じつに厳しいものであることをあらわしています。でも、これは運べるのです。

命がけでやれば、運は切り開けます。その開運の第一歩が、自分は運がいいんだという信念を持つことです。たとえばつまずいて捻挫したときも「ケガするなんて運が悪い」と思っては駄目。

「運がいい。骨折しなくてよかった」と思うことです。

待っているだけでは、いい運がこない

運を転換させるのは陽気、明るさです。陽気で明るいということは、積極性があるということです。積極性があれば、ちょっとしたチャンスもつかめます。

私が『守護霊を持て』(平河出版社)という本を書いて以来、「守護霊を持つと運が開ける。自分が何もしなくても守護霊がやってくれる」と思い違いして、私のところを訪ねてくる人がいます。

そんな消極的なことで運がよくなるわけがなく、また守護霊が持てるはずもありません。

守護霊について書くゆとりはないけれど読んで字のごとく、それはその人を護ってくださる霊です。人間は「万物の霊長」というように霊的な存在です。人間を埋葬するのは霊魂を信じているからで、つまり死んでそれで終わりではないということです。

運というものには家系的なつながりがあります。親が非常に運が悪いのに、子どもがとても運がいいということは少ないのです。

子ども――父母――祖父母――その前、へと霊的なつながりがあり、運もつながっているのです。

運をよくするには、先祖の墓参りをしてよく拝むことが必要です。お墓がなかったならば仏壇でもいいし、タンスの上に置いた仏像でもいい。あなたの霊が先祖の霊と共鳴し、運気転換を図ることができます。

一生懸命に努力しているのにまったく運が悪いという人を見ると、たいてい先祖がいい亡くなり方をしていないのです。やり残したことがあったり、怨みを持ったりして亡くなっています。その霊の執着が子孫の運に影響を与えているのです。だから、よく拝むことによって執着を取り除いてやれば、運もよくなるわけです。さらに、守護霊となってあなたを護ってくれます。

もちろん、先祖供養すれば、それだけですぐに運がよくなるというものではありません。同時に、陽気に明るく積極的に生きることが大切です。落ち込んだときこそ、無理にでもおいしいものを食べて、おいしいお酒を飲んで、楽しいことをしてひと晩寝るのです。すると気が楽になり、ファイトが出てきます。そして目標に向かって進むことです。お祈りをすることで、あなたの霊が先祖の霊に共鳴して運気転換が図れます。

異性運をよくする方法

異性運をよくするには、潜在意識を変えること

異性運の悪い人がいます。
その悪い異性運を好転させ、
自分を幸せにする異性と
縁を結ぶには、
まず潜在意識を
変えることです。
しかし、潜在意識を変えることは、
たいへん難しく、容易ではありません。
その潜在意識を変えるには
「陶酔」することがいちばんです。
陶酔することで大脳皮質から変えていくのです。

なぜか悪い男性を選んでしまう

「私って男運が悪いのね」

という女性がいます。友人同士でいうときはたいていのろけまじりですが、中にはほんとうに異性運の悪い人もいます。

ある女性の例です。

A、B、C、三人の男性とお見合いをしました。

Aは東大を出た官僚で、エリートコースに乗っている。ハンサムで人柄もいいし、どこにも問題はありません。九十五点です。

Bは私大を出て一流商社に勤め、好青年です。九十点です。

ところが、Cは私大を中退して仕事を転々、水商売をしていたこともある。崩れた感じがして、とても女性を幸福にできるような男性ではありません。

でも、この女性は一目見たときから、Cにぞっこんで、どんなに親や周囲が反対しても付き合いはじめてしまったのです。

親が、

「AさんもBさんもあんなにいい人なのに、どこがいけないの」

と聞くと、女性はひと言で、

「どこか虫が好かないのよ」

なんとなく好きになれない相手、理由はわからないけど苦手な相手に対して、よく虫が好かないといいます。悪い人じゃないんだけど、どうも虫が好かないということもあります。

その虫とは何なのでしょう。どこにそんな虫がいるのでしょうか。でも、これこそ男性運を悪くしている正体なのです。

その虫とは、その人の潜在意識、深層意識だといえます。無意識のうちに崩れた感じの男性を好きになるという偏向性があるわけです。スタンダードな優等生、堅実な家庭をつくっていくような男性には、どうしても魅力を感じないのです。

あなたのまわりにも、そうした女性が一人や二人はいるでしょう。社内で妻子持ちの男性ばかり好きになるとか、上司と対立ばかりしているはみ出し社員とばかり付き合っているとか、そういう女性です。

同年代のサラリーマンは青くさい、子どもっぽい、やっぱり課長とか部長とかのほうがいいというのも、そうです。偏向性は個人によって違うのですが、それをひとまとめにして、「男運が悪い」と表現しています。

潜在意識が好きな男性を決める

私たち、運命学をやっている者から見ると、その人の傾向、偏向性ははっきりわかります。世間的にはどんなにいい男性でも、その男性とは結婚できないと、運命が示しているのです。そういう運命が性格を形成しているわけです。

芥川龍之介は性格が運命を形づくるといっていますが、その性格は運命がつくり出します。ですから、運命と性格は紙の裏表みたいなものです。

性格や好みは変えられない。たとえば、生まれつき肉が嫌いで魚が好きだという人に、絶対に肉を食べなきゃいけないといっても、食べられません。一日二日は無理して食べたとしても、そう続くわけがないのです。

では、どうしたらいいのか。いま性格や好みは変えられないといいましたが、まったく変えられないわけではありません。ただし、潜在意識から変えていかなければならないので、容易ではありません。道徳や倫理といった表面意識に属するものは、教育によって直せます。性格や好み(運命も)は潜在意識にかかわるものですから、そこからの改造です。

潜在意識を変えるのは何でしょうか?

それは陶酔しかありません。心の底から自分を陶酔させるもの。それが自分を根本から変えていくのです。

それができるのが信仰です。信仰というのは理性ではなく、陶酔です。陶酔によって大脳皮質から変えていけば、性格も変わるのです。

口で「男運が悪い」といっていますが、男運を悪くしているのはその人自身なのです。本質的には好きでない男性だけど、夫として理想的だから努力して好きになろうとしても、潜在意識が拒否して壊してしまうことがしばしばあります。恋愛してみたらいつも不倫だというけれど、それは逆なのであって、潜在意識が不倫になる相手を選んでしまっているのです。

そうでないかどうかは、心理カウンセリングを受けてみればすぐにわかります。たとえば、赤ちゃんのときに両親がものすごい喧嘩をしていると、それが潜在意識に刻み込まれて抑圧となって残っています。その抑圧でねじ曲げられ、ノーマルな人間関係が育っていかないわけです。

そうした抑圧がまったくないならば、ふつうに努力していけば必ずいい恋愛、いい家庭がつくれます。

ただ、抑圧があったならば、それで幸福になりたいならば、全《まった》きものである神や仏に陶酔し、自己変革を図ることがいちばんだと思います。それが信仰のうまい利用法です。利用するのであって、利用されてはいけません。

ほんとうに幸せな人生を歩みたいのなら、潜在意識に残っている抑圧を、信仰によって取り除くことです。

ストレスを除く方法

不定愁訴《ふていしゅうそ》といわれる
心の病には、
気持ちより
食生活の改善が大事

不定愁訴という心の病があります。
これは頭痛・いらいらなどの
漠然とした症状がありながら、
体との関連がはっきりしない
状態をいいます。
女性の場合、こうした症状は
栄養のバランスをとり、
体の機能を改善することで、
そのおよそ八十パーセントは
解決できるでしょう。
また、ときどき瞑想をして
ストレスに負けない心を
養うことも大切です。

体のバランスの崩れが、女性特有のトラブルのもとに

頭が痛い、体調が悪い、でも病気というほどではない、といった不定愁訴を抱える女性は多いはず。その結果、仕事の能率が悪く、単純なミスを犯してしまうことになり、当然、上司は怒ります。「君、たるんでるんじゃないか。集中力が足りないんだよ」と。

よく五月病といわれるように、精神的にバランスを崩すと、無気力になってしまうことがあります。

日本人、とくに男性は不定愁訴を「たるんでいる、根性がない」という言葉で片づけてしまいがちです。

でも、私は違うと思います。不定愁訴は女性に多いシンドロームであって、そのほとんどは女性の生理に起因していると考えられます。つまり、精神科領域ではなく婦人科領域です。

女性の生理はじつに複雑にできています。それは子を産み、育てるためのものだ

けれど、複雑なだけにバランスを崩しやすい。

不定愁訴のある女性にくわしく聞くと、ほとんど生理不順だったり、内臓下垂、低血圧だったりします。それらがからみ合って、症状があらわれているわけです。ひどくなるとヒステリーになります。

ヒステリーとは、語源が子宮という言葉からきています。

原因は子宮なのですね。だから、不定愁訴とヒステリーは紙一重なのです。

私は運命学をやっているため、その人の体型と人相からだいたい見当がつきます。あなたは、生理不順でしょう、冷え症でしょう、胃下垂ですね、というと、まあ、あたるわけです。そうなると、集中力がどうの、精神修業がどうのといった問題ではない。気持ちより、まず体を改善しなければならないのです。

私がお勧めするのは漢方薬と食生活の改善です。私は医者じゃないのでくわしくはいいませんが、不定愁訴に効く薬がいくつかあります。漢方薬局で相談してみてください。

食生活の改善は、生理を順調にさせ、体力を充実させるために必要です。

ひとつは甘いものを食べすぎないこと。それによって体のバランスが崩れ、冷え症や貧血になりやすい。体のパワーがなくなって不眠症になり、神経症になるという悪循環をくり返し、不定愁訴があらわれるのです。

栄養バランスをとることで、心と体のリズムが戻る

まず冷え症、貧血を治すこと、それにはビタミンEとCを十分摂る必要があります。食事ではタンパク、脂肪、炭水化物は摂れるけれど、どうしてもビタミンは不足します。野菜や果物だけで補給するには大量に食べなければなりません。

というのは、現代はストレス社会でビタミンはどんどん消費されているからです。野菜や果物では補給しきれないことが多く、総合ビタミン剤を用いるといいでしょう。

ただビタミン万能の考え方は危険です。ビタミンを摂っているからといって、体を動かさないと体調はよくなりません。一日に最低でも一時間は歩くこと。陽のあた

る場所を元気よく歩きましょう。会社員ならば昼休みに屋外で運動できるはずです。そうして週一日はスポーツをすること。テニスでもエアロビクス、水泳でも、自分の好きなもので汗を流しましょう。

ビタミンも含めて十分な栄養と睡眠をとり、運動をしたら、冷え症や貧血は治ります。いきいきと動けば、生理不順も解消します。

女性の場合は朝のお化粧のノリでわかるはずです。高い化粧品を使わなくても、寝る前にビタミンEを飲むだけで、お化粧のノリは違ってきます。

女性の生理機構を改善したうえで、初めて精神論がくるのです。宗教関係や精神修養の本を読むのもいいでしょう。人間の心の綾《あや》を知るため、古典の恋愛小説から、定評のある新しいノベルを読むのもいいでしょう。また、たまには瞑想してストレスに負けない心を養うことも役立ちます。

でも、頭が痛い、気が滅入る、やる気が出ない、だから怠けぐせがついた、と解釈してしまうと、不定愁訴の改善はできません。

寝不足で疲れているのに、寝ないであれもこれもやれといっても、できるわけがないのです。

不定愁訴は体の問題だと、早く気づくべきです。私の見たところでは八十パーセント以上がそうですね。そうして体に変調をきたした原因である甘いものの食べすぎ、食生活のかたより、ビタミンとミネラルの不足、運動不足を解消するのが先決です。

それからどうすればいい恋ができ、いい仕事ができ、いきいきと生活できるかを考えて、実行すればいいのです。不定愁訴があっては考えることもできません。

いい恋をし、いきいきとした人生を送るには、心の問題を考える前に、まず体調をととのえることです。

対人関係をよくする方法

対人関係をよくするには、
問題処理能力を高める

対人関係で悩む人は少なくありません。
対人関係で悩むのは、内向的すぎたり、
うつ的傾向だったりといろいろですが、
これはつまり問題処理能力が
足りないからです。
能力を高めるには、
まず自分の考えを整理すること。
また、まわりの状況や、
自分の置かれている立場を
把握する訓練も必要です。

対人関係で悩む人が多い

私たちは人間に囲まれて生きています。家庭でも学校でも会社でも、どこに行ってもだれかと接して生活をし、仕事をしています。あたりまえのことです。そのあたりまえのことをなぜいうのかといえば、じつは対人関係がいつも悩みのタネになるからです。

対人関係の悩み、これは一様ではありません。人は対立したり、喧嘩したり、仲直りしたり、親しくなったりをくり返して生きているのですが、その渦中にあるときの悩みは深いのです。

こんな相談がありました。少し長くなりますが、紹介しましょう。

日増しに性格が暗くなっていくのを、自分でとめられなくなってきました。
無理に元気に見せようとしたり、希望があるようなふりをして通信教育を受けたりする自分に、しらけてしまいました。

父から縁談がきました。はっきり断らないうちにずるずると話が進められ、結納や式の日取りまで決められました。私が断りたいというと、まわりは常識論や責任問題をふりかざして、話になりません。私は相談できる人がいなくなり、ノイローゼのようになってしまい、破談になりました。私が一方的に悪いと決めつけられました。

それ以来、家の者はみんな私を悪者あつかいし、父などは酒を飲むと私にあたり散らします。私は誰も信用できず、仕事につくこともできず、家にこもっています。学生のときも対人関係がこじれて、外に出られず、飢え死に寸前まででいったことがあります。家を出て暮らすと、いつも人間関係のトラブルに巻きこまれてしまいます。

この女性の悩みは非常に深刻です。ひとりでうつうつと悩み、苦しんでいることでしょう。

なぜこうなってしまったのか。この女性は問題処理能力が不手際だからです。縁談が持ち込まれたとき、決めかねてぐずぐずしていたのは彼女であり、早く断りの返事ができなかったのも彼女です。ひとつの問題を抱えたとき、どう選択するかはその人しだい。あとで悔やんだりもしますが、たいていの人は「時間内」に自分の態度を決めます。

この女性はそれができない。「時間オーバー」してしまったわけです。

その原因として考えられることは二つあります。ひとつは内向的すぎること、もうひとつはうつ的傾向にあることです。内向的というのは本質だから、いきなり外向的に変えようとしても無理です。ある程度自信さえつけば、内向的でもいいたいことはいえるようになるんです。

ビタミンでうつ傾向は治る!

うつ的傾向は治ります。最近の研究で、体内のビタミンが減少するとうつ状態になるという報告があります。またビタミンAが不足すると情緒不安定になるともいわれています。だから、ビタミンを中心に、ミネラル類もたっぷり摂ってごらんなさい。うつ状態はしばらくすると消えてしまうことがよくあります。

あなたの暗い状態は、これで治ると思うのですが、それでも治らなかったら、一度精神科の医師のカウンセリングを受けることを勧めます。

うつ状態が消えれば、ずっと明るくなって対人関係もよくなります。問題処理能力も徐々についてきて、自信も湧いてきます。

この女性ほどでないけれど、問題をうまく処理できないという女性が多いようです。それが原因で上司に叱られ、同僚に敬遠され、孤立してしまう。そして、「だれも私をわかってくれない」といって、会社を辞めてしまうというパターンです。

なぜ問題を処理できないのか。基本的には自分の考えが整理できないからです。これは単に自分の好みでやればいいのではなく、まわりの状況に応じてやらなければいけません。

つまり、まわりの状況や自分の置かれた立場を把握する訓練ができていないと、問題に対してまごつくのです。

訓練というのは経験です。経験が身になるためには教養が必要です。教養とは学校の勉強もそのひとつですが、本を読んだり考えたりして人生を学ぶことです。その実践が経験であり、経験のくり返しが訓練です。このように、どれが欠けても問題処理能力の向上は望めません。

問題処理能力さえつければ、対人関係もうまくやれるはずです。それでも悩んだり苦しんだりすることはありますが、自分で処理できるわけです。

これは恋愛でも結婚でもキーポイントになります。若いうちから教養を身につけ、それを生かせるよう訓練してほしいと思います。

問題処理能力を高めるには、教養を身につけることも大切です。能力が高まれば対人関係はうまくやれるようになります。

第二章 心のメッセージ

恋愛について

悩みが大きいほど実りも大きい

恋には三つの段階がある

第一段階は男性全体に恋をするのです。

たとえば昔の江戸小噺《こばなし》に、こんなものがあります。

年頃の娘がタメ息ばかりついて、寝込んでしまいました。

恋わずらいだと思った乳母が、

「お嬢さま、好きな男性《ひと》がいるんでしょう。

一緒になりたい男性がいるんでしょう?」

というと、娘がこっくりうなずきました。

「それで、お相手はだれなんですか?」

と聞くと、娘が小さな声でこう答えました。

「だれでもいいの」

笑い話ですね。好きな男性もいないのに恋わずらいをするんですから。でも、これが男性を好きになる第一段階。恋に恋する時期なのです。

つぎの第二段階は、特定の男性に恋をします。でも、好きという感情の高まりはあるけど、対象はそれほど明確ではないんです。

ただなんとなく好きになったり、同級生のだれかに「あの子、素敵よ」と聞かされたとたん、自分もその子を好きになったりします。

民謡の「おてもやん」がそれですね。タバコ入れの金具がいんねんたい(それがそもそもの関係の始まり、というほどの意味)と、タバコ入れが粋だから惚れちゃったというような好きになり方です。

要するに、ネクタイがすばらしい、笑ったときの白い歯がいい、足が長い……など、外見的な要素に惹かれ、恋に落ちるのです。

そして、第三段階が男性の内容に魅力を感じ、好きになるのです。

頭がいい、男らしい、性格がいい、尊敬できる……と、人格に恋するわけです。こっちの彼のほうが上だ、あっちのほうが自分に適しているなどと、自然に選別します。

この三つの段階をだんだん上がるのが、人間としての成長なんですね。そう、恋はあなたが成長するうえで、とても大切なもの。十七、八歳になって人を好きになったこともないなんて、ちょっと問題です。

私も若い年代の頃、ずいぶん昔ですが、やっぱり恋に悩みました。もてないと思っては悩み、振られては落ち込みました。逆にいえば、それが私を成長させてくれたんだと思っています。

恋をして最初に悩むことは、自分はこんなに愛しているのに彼はちっとも気づいてくれない、というものですね。でも、それはやむを得ないことです。長い人生の、ほんのわずかな一瞬なのです。といっても、当事者のあなたには苦しいことでしょう。

ただ、ひとつだけ覚えておいてほしいのは、振り向いてくれない人を振り向かせようと積極的になってはいけない、ということです。

男性は、見栄が強く、本能的に不可能を可能にしたいという冒険心を持っています。女性のほうから近づいてくると、その女性が安っぽく見えてしまい、そういう人に手を出すと自分も安っぽくなるみたいで、つい敬遠しがちです。

そのくせ、その女性が別の男性に心を向け、取られそうになると、あわてて追いかけます。男性は女性の後を追い、自分に振り向かせたい、そして気持ちを奪いたいという冒険心をつねに持っているわけです。

だから、あなたは彼に誘われてすぐに応じたり、彼に必死でアタックしたりしないことです。自分を安っぽく売ってはいけません。

自分はもてない、相手が振り向いてくれないと悩んでいるのは、あなたばかりではありません。じつは、相手も同じ気持ちでいるのです。

自分だけが……と、そんなに深刻に悩む必要はないんです。ひとつの成長過程なんだ、これで私は大人になっていくんだと、自分を見つめ、相手を見つめる時期があっていいのです。ベタぼれにならないで、悩みながらも冷静な部分を残しておくことですね。

ハイレベルな女性にこそ、ハイレベルな縁が生じる

人と人とのふれあいは縁というもので、どんなに素敵な男性と魅力的な女性でも、縁が生じなければカップルにはなれません。いくらあなたが好きでも、その男

性があなたの魅力に気づいてくれないのなら、それは縁がなかったということです。縁はあなたがいくらもがいても、生じないときは生じないのです。

むしろ、自分をレベルアップするほうが、いい恋を得る近道です。本を読み、教養を高め、自分の内面を豊かにすれば、レベルアップした自分にふさわしい、レベルの高い男性と縁が生じるはずです。

それでも、あなたは悩みますか？　確かに人間の感情はなかなかコントロールできません。もし信頼できる先輩や友だちがいれば、すべてを打ち明けるといいでしょう。

話しただけで悩みが軽くなり、苦しみが薄らぎます。また、先輩や友だちの冷静な判断が、あなたを落ち着かせてくれます。そう、悩んでいるときのあなたは、冷静さを失っているのです。

宗教は、みんなの悩みを聞くためにあるのです。キリスト教の教会では懺悔があるでしょう。懺悔することで心の抑圧が取れるんですね。それで悩みや苦しみから解放され、帰りはすっきりした気持ちで帰れるのです。

私のところでは、「お伺い書」というものを書きます。要するに、自分の悩みを自分で紙に書くのです。じつは、文章にするのは悩み解消の最もいい方法なんです。四百字の原稿用紙一枚に、悩みの内容を書いてもらいます。四百字は非常に少ないですね。だから、要領よくまとめなければ、書き切れないわけです。オーバーしてはいけません。

たとえば、恋人同士の喧嘩のことで相談があったとしましょう。喧嘩の内容を文章にする場合、「相手はこんなことをした。それに対して私はこう思い、こう応じた。それがきっかけで喧嘩になり、相手はこう、私はこうやり合って……」と、手短にまとめることになります。

文章にするには、自己分析もしなければならないし、相手の立場も考えなければなりません。つまり、客観的に見ることになります。すると、むこうもよくないけど、自分もよくない点があったと気づいたり、冷静に状況把握ができてきます。私が面接指導する前に、当人が自分で悩みを解決してしまうことが多いんです。

これが文章の効用です。あなたも四百字で悩みをまとめてみてください。恋をして、相手が振り向いてくれないというだけでは、深刻な悩みとはいえないのです。

ただ、それによって勉強も手につかない、人間関係もわずらわしい、だれとも話したくない……となれば、重症です。やけになって変な人にだまされたりと危険な場合があります。それは、その人の因縁を見ればわかります。

因縁を知り明るくなれば、自信も魅力もあなたのもの

仏教でいう因縁というのは、運命みたいなものです。人間は生まれたときからそれぞれ因縁を持って、そのとおりに生きているんですよ。

うまく彼が振り向いてくれて、交際が始まっても、つぎに失恋がきます。これも大きな悩みの種です。

でも、失恋のない男と女の関係は、世界中どこにもないんですよ。

失恋したら、「ああ、これで私も一人前になった」と思うべきです。私の若い頃みたいに、「また新しい相手を恋する資格ができた」と思うのもいいでしょう。

失恋でいちばん痛いのは、自信喪失です。相手の心をとらえられないという悩み、これは痛切ですけど、まだ耐えられます。でも、自分に自信が持てなくなるのがすごくこたえますね。

そうなったら、もうしょうがありません。泣いて、思いっきり泣いて、そのあとはおいしいものをおなかいっぱい食べることです。

いつまでもめそめそしていては駄目です。もし男の人が失恋していつまでもうじうじしているのを見たらあなたはどう思いますか？　そんな男の人、とても好きになれませんね。そう、いつまでもめそめそしているあなたに、男性は魅力を感じません。

自信を持った、明るいあなただから魅力があり、男性も惹かれるのです。

いつまでも泣いている自分を、客観的に見てください。もうひとりのあなたが、「あなた、みっともないわよ」というはずです。

鏡に自分の顔を映してみましょう。自分で自分の醜さに気づくと思います。お化粧を直しましょう。口紅をぬりましょう。口紅の色を変えてみるのもいいでしょう。

自分をちょっと変えるだけで、悩みが軽くなり、苦しみが薄れるはずです。そして、新しく好きな人ができれば、自信も湧いてきます。

それまでのわずかな間に、あなたは大きく成長しているのです。

性格について

自分を変えていくのは
あなた自身の力

イメージアップが美しさのもと

「私は根暗で、駄目な性格。だから、みんなからいじめられるんだ。○○さんのように、だれとでも明るく話せるようになりたい」

こんなふうに思っている人が、あなたのまわりにも一人や二人はいるはずです。暗い自分の性格をもてあましているような、それでいて暗く落ち込んでいくことに、どこか喜びを感じているんですね。

確かに、十五〜十八歳の年頃は、自分が不当にいじめられている、あわれな犠牲者なんだと思うことによって、ある種の密かな優越感に浸る時期です。多くの場合は一時的なもので、やがて直っていきます。

でも、少数の人が直らないで、その性格を一生引きずっていきます。それがうつ病の素因になるわけですね。

でも、そんな自分の性格を、直したいと思う人は直せるんです。思うだけで直るというと、そんなバカなというかもしれません。いつも思っているけど直らない、と反論する人もいるでしょう。

それはあなたの思い方に問題があるのです。

人間はイメージで生きているのです。自分のイメージで自分を決めている。だから、ほんとうの自分をわからないでいるのです。

たとえば、昔、テープレコーダーが出始めた頃、雑誌社の人がテープレコーダーを持ってきて私の声を録音したことがあります。

自分の声を再生したとき、私は信じられなかった。私が自分の声に対して持っていたイメージは、ドスのきいたバリトンかバスでした。ところが、再生した声はイメージよりはるかに高くて、テノールだったのです。

そうかなあ、私はこんな甲高い声でしゃべっているんだろうか、もっとバリトンかバスで落ち着いた口調でしゃべっているつもりなのに……とつくづく感じました。

要するに、自分の声に対するイメージがあって、それは実際の自分の声と違うわけです。

性格もまったく同じことで、自分はこういう性格だと思っていても、客観的に見るとそういう性格かどうかわからないのです。みんなイメージで生きているのです。

そこで、自分の性格がいやで直したいならば、なりたい自分を思うことです。こんな性格ならいいという性格のイメージを持つことです。

イメージを持ちつづけていると現実化します。イメージに近い自分に変身できるのです。

一日三分でもいいのです。自分のなりたい自分を、頭の中で思い描きます。

人付き合いが苦手でみんなと話ができない人は、みんなと活発に、ほんとうに楽しく話していて、自分がリーダーシップをとって「こうしましょう」と提案し、「みんながついてくる」といったイメージを持つことです。

人気者になりたいあなた、瞑想の習慣をつけよう！

明るい性格になりたい人は、瞑想の習慣をつけましょう。これを毎日くり返すことが大切です。

［明るい性格になる瞑想法］

夜寝る前に、毎日三～五分続けます。

暗いイメージは絶対に持ってはいけません。

人に嫌われる、うまくいかない、喧嘩している、あの子が憎い、自分も憎まれている、とっくみ合いの喧嘩、髪をむしってやりたい、などと思っては駄目です。ますます暗い性格になってしまい、それが現実になってしまいます。

いつもにこにこ、明るく、みんなに好かれて、自分もみんなを好きで、にぎやかに楽しくやっている、という自分を思い描いてください。


なりたい自分を思い描いたあと、暗い日記をつけたのでは駄目です。

女の子はその日あったことのどちらかというと悪いことばかり書きたがります。

先生に怒られたり、友だちと喧嘩したりして、「くやしーい」と書いては、せっかく思い描いた楽しいイメージもどこかに吹っ飛んでしまいます。

このようにイメージを頭の中で思い描くことを、瞑想といいます。瞑想と聞くと、すぐに座禅やヨーガのポーズを思い浮かべて、難しく受け取る人がいますが、形にとらわれる必要はありません。布団の中でだって、窓際で空を見上げてだって、自分がイメージを描きやすいならばどんな形だっていいのです。

瞑想とは何かといえば、メディテーションとコンセントレーションから成り立っています。メディテーションとは頭の中にいろいろ思い描くことで、コンセントレーションとはひとつのことを集中して考えて、それを頭の中に刻み込むこと。どちらも潜在意識の応用なんです。

潜在意識を使ってメディテーションすると、潜在意識に刻み込まれます。潜在意識に現実形成力があるわけです。

形にこだわらないで、体の力を抜いて、なりたい自分の姿をていねいに潜在意識に刻み込むのです。ただしマイナス的な想念は振り払って、瞑想をくり返します。しだいに自分が思いどおりの性格に変わってきます。すると、頭で思い描いていたようにみんなが寄ってきます。

「〇〇さんはいままで考えていたよりも素敵ね」と。

若い人はとくに敏感ですから、内面の変化にすぐ気づきます。その内面の変化を起こすのが瞑想なんです。

あなたも人に対して好き嫌いを持ってはいけません。あなたがすべての人に好意を持つと、みんなもあなたに好意を持ってくれます。

人を選り好みして、あの人はいや、この人は嫌いといえば、相手も同じように選り好みして、自分が嫌われるようになってしまいます。人のいいところだけを見てあげなさい。そうすれば、相手もあなたのいいところだけを見てくれるようになります。

人というのは、全部自分の反射なんです。

瞑想は性格を変えるだけではありません。やせたいとか美しくなりたいとかで悩む人も、それも瞑想が解決してくれます。

たとえば、自分が太っていると悩んでいたら、ほっそりとしたすばらしい自分の姿を思い描くことです。すると、あまり無茶食いしなくなったりして、必ずやせていきます。

人を好きになることが人気を得るキーポイント

若い人は感受性が強いから、瞑想を実行したらどんどん人柄も変わり、美しくなっていきます。美しさとは内面からにじみ出る魅力ということです。

昔、ほんの一カ月くらいの間に、あまりきれいではなかったのにパッときれいになった人を二、三人見ています。内面的に飛躍したんでしょうね。

私は若い頃に山登りをしていて、山で女性のグループと知り合ったことがあります。非常にきれいな人、ふつうの人、それほどきれいでない人がいました。

そのグループと半年くらい付き合ったけど、私がいちばん魅力を感じたのは、じつはそれほどきれいでない人でした。出会ったとき非常にきれいだと思った人の印象はだんだん薄らいで、それほどでもないと思うようになったのです。それよりも、あまりきれいでない人と話して、その優しさや教養にふれていくうち、ほんとうはこの人がいちばんきれいだと気がついたわけです。もう大昔の経験ですけど、いまでもはっきりと覚えています。

内面の美しさとはそういうものなのです。

私たち男性から見ると、あいつはすばらしい男だと、私たち男性が認める男はなぜか女性にもてないんです。逆にくだらないやつだと思う男性のほうがよくもてています。

男性と女性では評価のしかたが違うといえばそれまでだが、女性には男性の外見ばかりでなく、内面も見てほしいのです。男性の内面のすばらしさを理解できるようになったら、男性もその女性の内面の美しさに目を向けてくれます。

だから、あなたは女の人でも男の人でも、すべての人を好きになるようなイメージを持つことが大切です。それがみんなに好かれる、内面的に美しい自分に変身するポイントなのです。

親子について

親子関係は社会の始まり

大人を理解できないのも心の成長のプロセス

思春期の子どもにとって、親は非常にけむたい存在です。親だから、というそれだけの理由で、ずかずかと心の中にまで踏み込んでこられたんではたまらない。私にも三人の娘がいます。みんなとうに成人していますが、娘たちが思春期の頃は、私もいろいろ気になりました。

ボーイフレンドから電話がかかってくれば、相手がどんな男の子なのか、どんな付き合いをしているのか、気になります。私はあまり干渉しないほうでほとんど何もいいませんでしたが、親として気にならないわけはないのです。

だから、親の中には、娘が電話をしていれば聞き耳をたて、男の子の名で手紙がくればしつこく聞いたり、ときには勝手に封を切って、読んだりする親もいるでしょう。

当然、娘は怒ります。なんの権利があって手紙を盗み読みするのか、と。

親としては心配なわけです。

娘が「私はもう大人よ。しっかりしているわ。彼だって変な男じゃないわよ」といきりたてばたつほど、まだまだ子どもに見えて、危なっかしく見えてしまうものなのです。

しかし、親があまり干渉するのは逆効果になることが多いので、私は一切干渉しませんでした。ただ、食事のあと家族がそろったときなど、一般論として、若い娘が注意しなければいけないことを、それとなく話題に乗せました。

いくら危なっかしく思えても、娘は自分なりにやっているんだし、親が一生、娘につきっきりであれこれ世話をやくわけにはいかないのです。多少何かあっても、娘はそれを自分の人生の糧として成長していくでしょう。温室育ちのモヤシのような人間になってしまったら、自分で自分の人生を切り開くことができない人間になってしまう。

自分の娘を信ずる——親はそういう心構えを持つべきだと思います。

といっても、現実に口うるさい親に直面しているあなたは、なかなか親の気持ちを理解できないでしょう。いや、理解どころか、親をひどく憎むこともあります。

親を憎む、それを心理学では「近親憎悪」といいますけど、思春期までに必ず通らなければならない、心のプロセスです。

あなたが親を憎むとき、それが社会人への第一歩

たとえば父親のポケットから、バーやクラブのものが出てきたとします。お母さんはなんとも思わないのに、娘は「不潔だわ。お父さんが許せない」と思うわけです。そして、父親と口もきかない。顔も合わせたがらない。しまいには「あんなお父さんはいないほうがいい」と、エスカレートしがちです。

冷静に考えてみれば、いやなことではあるけど、親を否定するほどのことではない。しかし、「近親憎悪」の感情の高まりから、激しく憎むわけです。

潔癖な女の子であればあるほど、憎悪の念は強くなります。悪いことに、娘がそういう時期にあると、親はその裏返しの時期にあるのです。娘に対する愛情が非常に強いときなのです。

変な男に誘惑されないだろうか、通学途中で事故にあわないだろうか、電車で痴漢にあわないだろうか……と、何も起こらないうちから、起こったときのことを考えて、しきりに心配します。

この娘と親が向かい合ったら水と油、かみ合うわけがありません。

親が娘に手を上げたりするのもこの時期だし、娘が非行に走ったりするのもこの時期です。

だから、あなたは親が憎いと思ったら、「近親憎悪」の心理状態にあると気づくことです。親の干渉がとくにうるさくなったら、親が「近親憎悪」の裏返しの時期にあると気づくことです。

いってみれば、一種の病気です。少し我慢していれば、自然にその時期はすぎます。

ただ、そこに別な要素がからんでくると、深刻な問題も起こりますね。

たとえば、お父さんがあまり家に帰ってこない、お母さんが外出ばかりしている、しょっちゅう夫婦喧嘩をしている……といった家庭になると、あなたの悩みは簡単に解決がつくはずもありません。

それは悩むしかありません。というと、冷たいいい方みたいですが、悩むことによって大人になっていくのです。親にだって生臭いことはあるし、社会に出ればもっとあります。

悩むことによって、だんだん大人の社会がわかってくるのです。親子関係は社会の始まりなのです。

キザないい方をすれば、悩むことは青春の特権ですね。うんと悩めば、それだけ青春が輝いてくるのです。

でも、悩みに悩んで、悩みに押しつぶされそうなときもあるでしょう。

作家の林芙美子さんは『放浪記』の中で、こんなことを書いています。

「私は頭の中に、心の中にいくつかの引き出しを持っています。いやなことやどうにもならないことが起こったら、その引き出しに入れて、ぽーんと閉めちゃう」と。

私も若い頃は同じようなことをしました。

どうにもならなくなったら、頭の中に大きな風呂敷を思い描きます。広げた風呂敷に悩みをみんな入れて、包んでぎゅっと結び、それをかついで行って、川にぽーんと投げ込むんです。

これで終わり。もう二度と同じことは考えません。

別の悩みで苦しくなったら、また風呂敷に包んで、川にぽーん……です。

悩んで社会をよく知ろう！

親との対立で、もっと深刻なのが家庭内暴力です。

父親にはふるわないけど、おばあちゃんや母親にふるうんですね。これは「近親憎悪」じゃなくて、発作です。潜在意識の問題です。

ものすごい抑圧があって、それが内向して暴力行為になって出てくるのです。

フロイトという心理学者は、幼少期におけるさまざまな抑圧や葛藤が、潜在意識（無意識の意識）に残って傷跡になっている、といっています。

両親、家庭に問題があります。子どもが赤ちゃん、あるいはごく小さいときに、子どもの前で夫婦喧嘩をする、それも暴力をふるったりすると、子どもは潜在意識にそれを強く印象づけるのです。

その傷跡が何かのきっかけ、たとえば失恋とか、成績が落ちたとか、「近親憎悪」の時期とかに、発作的にあらわれるんですね。

親や家族に手を上げないまでも、物を投げたり壊したりするのも同じです。

これは親の問題だけど、いつかはあなたも親になるのだから、知っておく必要があります。

そして、親を憎んだり、暴力的になったりして悩んでいるあなたは、好きな人を見つけることです。

そうすれば親から好きな人のほうに気持ちが移り、悩みは自然に解決してくるはずです。

それでも暴力行為がやめられない、むしろ快感を覚えるというあなたは、それはもう病気といっていいでしょう。

とにかく、好きな人ができたら、あなたが親子関係で悩み、大人の社会の生臭さを知った分だけ、恋人とうまく付き合えるでしょう。大人の恋ができる、ということです。

親の干渉に反発して、わざわざ親のいうことと反対のことをするのは、あなたの甘えです。だれかが助けてくれるという思いがあるからです。そんなあなたが素敵な人に好かれるわけがありません。

悩みながらも、しっかりした自分を持っている人になること。それがいちばん大切ですね。

性について

性を直視できる人であってほしい

性の無駄な競争が後悔や悩みを生む

現代は競争社会です。老若男女、みんなだれかと何かを競い合っています。世の中ライバルだらけなんですね。とくに女性の場合は、本能として同性にライバル意識を持っています。言葉は悪いけれど、いいオスをつかまえて立派な子どもを産みたいという、メスの動物的な本能です。

あなた自身は意識していないでしょうが、どこかにあらわれるものです。だから、女性はほんとうの親友ができにくいという一面があります。

でも、親や教師はあまり信じられない。どうしても友だちにいろいろ相談することになりますね。

そこに無意識の本能が働いて、友だちに負けたくないという気持ちが加わります。私は友だちに負けている。遅れていると悩むわけです。

これが勉強に対してならば、自分を向上させる原動力になります。

しかし、若い人の間では「友だちはみんな体験しているのに、私はまだ。遅れている」という悩みが多いようです。

十代後半は体や性について深く悩む時期です。でも、「遅れている」と悩んで、あせって体験すれば、あなたは必ず後悔します。

体験した友だちは「えー、まだなの？」とバカにしたようにいうかもしれません。だったら、聞いてみればいいのです。「そんなにすばらしいものなの？」と。即座に「すばらしいわ」と答えられる人はほとんどいないと思います。

心の中のどこかに後悔があって、「赤信号、みんなで渡れば怖くない」式に、あなたを誘い込もうとしているのです。体験してしまった人が、体験していない人に、むしろコンプレックスを抱いていることが多いのです。

だから、体験していないあなたがコンプレックスを持つのは逆です。異性を好きになったことがなくて、「遅れている」と感じるのはノーマルだけど、十代で性体験がなくて「遅れている」と感じるのはアブノーマルです。

同性に対するライバル意識がそう思わせているのだと、あるいは友だちがコンプレックスからそう思わせるよう仕向けているのだと、冷静にならなければいけません。

性に遅い早いはないのです。ほんとうに愛する人があらわれたとき、それは心からすばらしいと思える体験となるはずです。

性は宝石なのです。美しい宝石をそまつに扱う人はいないでしょう。すばらしく美しい宝石だからこそ、大事にとっておかねばならないのです。

性は大事にしてほしい

いま、若者たちは性をファッション化している、と大人たちは批判します。でも、私は性はファッションだと思います。宝石なのですから。ほんとうのファッションは大事にして、やすやすと主義を変えるものではないのです。ファッションはその人の生き方そのものです。

では、好きな人があらわれたならば、性体験は当然なのでしょうか。問題なのは、あなたがその人を心から愛しているかどうかです。

愛だと錯覚しているだけの場合があります。最近、ずっと年上の人を好きになり、その人に奥さんがいて、不倫の関係というケースが目立ちます。

そこにあるのは男女の愛ではなく、ファーザー・コンプレックスなんですね。父親に対する不満、たとえば小さいときに父親にぜんぜんかまってもらえなかった、非常に淋しい思いをしたという体験があると、知らず知らず父性愛を求めてしまうのです。そして、中年の男性に恋をして、不倫になってしまうんです。

問題は親のほうにあるんですね。父親は娘をうんとかわいがり、ときにはひっぱたいたりして、父親の存在をちゃんと娘の心の中に認識させてやらなければいけないのです。

あなた自身、父親のイメージをしっかり持っているかどうか、小さい頃に父親にかわいがってもらった記憶があるかどうか、確かめる必要があります。思いあたるふしがあって、中年の男性ばかり好きになるのなら、ファーザー・コンプレックスだと知るべきです。

これは男女の愛ではない、自分は錯覚しているだけだと、思いとどまらなければなりません。必ず後悔します。

あなたの錯覚に気づいて、男性のほうも思いとどまるべきだけれど、男性は生理的にコントロールできない人が多いのです。

女性であるあなたが、性をきちんと直視できなければ、気分に流されてしまいます。そういう錯覚の恋は長続きするわけがないから、別れてまた新しい彼を探すことになります。

性は尊いのです。だから唯一無二の人にささげるべきなのです。

性へのとまどい、悩みを解消するのは深い愛

性は妊娠を伴います。というより、性の本来の姿は妊娠するためのものです。最近の風潮として妊娠したら気軽に中絶するようですが、それは非常によくないことです。

理由は二つあげられます。ひとつは霊的な面です。人間は肉体、精神、霊の三つ

から成っているのですが、その霊に悪い影響をおよぼします（霊についてくわしく知りたい人は私の本を読んでください）。中絶すると、つぎに生まれてくる子どもの霊、潜在意識にある種の重圧を加えることになるのです。そういう子どもが問題児に育つケースを私はたくさん見てきました。

もうひとつは生理的な悪影響です。

女性である以上、遅い早いは別にして、妊娠は必ず直面する問題です。いま、性を軽く扱ったばかりに、将来苦しむことになります。決して年寄りの冷や水ではありません。多くの人たちが体験している事実です。そうである以上、中絶は避けるべきなのです。

中絶を避けるということは、それ以前の性を大事にすることです。

いまのあなたは性を理想化してとらえているでしょう。いざ体験してみると、理想とずいぶんへだたりがあってとまどい、悩み、そして性とはこんなものと決めてしまいがちです。

それは愛が深くないからです。

人を愛するとはどういうことか。もっと恋をして、もっと教養を積んで、すばらしい人から愛されるのにふさわしい人になって、愛するにふさわしい人を見分けるだけの器量を身につける必要があります。

そうなるまで性に対しては臆病であっても、決して恥ずべきことではありません。

進路について

自分の能力の発見、これが成長のステップ

進路は決めるのではなく努力によって決まるもの

最近、学校の進路指導のやり方は、進学にしても就職にしても「どんな職業につきたいか」を前提にするようです。先に希望職種を決めて、その目的にそった勉強を求めるわけです。

確かに理にかなった指導でしょう。しかし、まだ社会に出ていない若者が具体的な職業を設定できるものかどうか、疑問が残ります。実社会の体験がないため、単なるあこがれで目標を定める場合が多いようです。

たとえば、いまはカタカナ職業になりたがる人が多いようです。コピーライター、デザイナー、コーディネーター、ディレクターといった、一見はなやかな職種ですが、反面ではなかなかなれないことも知っています。

教師から「難しいぞ」といわれると、とたんに「ふつうの会社員でいい」と目標を大きく変える人もいます。すると、どうせ会社員になるなら一流企業がいい、就職に有利な学校に進学したほうがいい……と進路が導き出されるわけです。

「会社員が目標」というのは、カタカナ職業に比べて漠然としています。会社員になるためにはどんな勉強をすればいいのか、なかなかとらえどころがありません。そのため、本人も教師や親のいうなりに進み、あまり意欲を持ちません。

進路を決めるシステムが悪いのでなく、あなた自身が自分がわからないために、ついまわりの意見に流されてしまう結果です。

自分の進路を職種で決めるのもいいけど、それだけが決定要素ではありません。自分は何が好きなのかを知り、その好きなことを一生懸命にやっていれば自然に進路は決まるものなのです。

いくら好きなことでも、やっているうちに必ず壁に突きあたる。その壁を乗り越え乗り越え進んでいくうち、自分があまり得意でなかったことも得意になる、適職でないと思ったものも適職になるのです。

ふつうの人間には絶対的な適職というのはないのですよ。作家でなければ駄目、絵描き、あるいは音楽家にしか向いていないというのは、よほどの天才です。ふつうの人間は好きなことをやっていれば間違いないのです。「好きこそものの上手」という諺があるじゃないですか。

好きなことを発見する、そこから自分が見えてくる

問題はいかにして好きなことを発見するか、です。多くの人が、好きも嫌いもない、何をやっていいかわからない状態にいます。それは人生に真剣に取り組んでいないからです。真剣に勉強なり、仕事なり、生活なりをしていれば、好き嫌いができます。掃除が好き、料理が好き、文章を書くことが好き、絵を描くことが好き……なんでもいいんです。好きなことをつきつめていくと、自分は何がしたいのか見えてくるはずです。

勉強だって同じです。真剣に取り組めば、数学が好き、英語が面白い……といった傾向がはっきりするはずです。好きな科目、得意な科目をどんどん伸ばすよう努力すれば、進路はおのずから決まってくるでしょう。

カタカナ職業につきたければ、それもいい。コピーライターになりたければ、そ

の道に進んで努力することです。なれるなれないは別問題ですが、努力して自分を向上させていけば、いい恋愛もできます。すばらしい異性に好かれるようになれます。好きなことを一生懸命やっている人は魅力的だから異性も惹かれてくるのです。

女性の場合、会社員になってもすぐトラバーユすることが多いようです。会社勤めを結婚への腰かけと考えているからで、私はそれを批判するつもりはありません。女性は結婚も大事ですから。

ただ、トラバーユするにしても、結婚への腰かけであっても、一生懸命にならないとハイレベルな人からプロポーズされることはないでしょう。いいかげんに生きている人を美しいと思う人はいないのです。そして、一生懸命にひとつのことに打ち込んだという経験は、家庭に入ってからもあなたの財産になります。

社会に出てからほんとうの勉強が始まる

でも、親はあなたに大学への進学を勧めるでしょう。「いまどき、大学ぐらい出ておかないと……」というはずです。

私自身、大学は出ていないし、旧制中学（いまの高校）も中退です。家庭の事情で上の学校へ行けない人もいるでしょうが、自分を向上させようとする気持ちがあれば、だらだら大学で学んでいる人よりはるかに教養を身につけられます。

社会に出ると、必要に迫られて勉強することになります。好きなことをやるためだから、学校での勉強より何十倍ものスピードで知識が吸収されます。

福沢諭吉の『学問のすすめ』ではないが、「実用的学問のススメ」です。

いま、私は経済、政治、科学、なんでも信徒さんから質問されても答えられるくらいの知識が身につきました。大学教授と対談することもあるけど、負けないくらいになりました。

もし自分に弱いなという部分があれば、すぐにそれに関する本を何十冊も読んで、補充します。

まず、それに関する基礎的な本を一冊、じっくり読む。基礎が理解できたら、あとは二十〜三十冊を一気に読んでいけるのです。こういうことは大学では学べませんね。ただ、私は大学を出ておけばよかったという思いはあります。大学ではまんべんなく勉強しますから、かたよりがありません。レベルが低くても全体的な基礎ができます。それを土台に好きなこと、必要なことを勉強して積み上げていけばいいわけです。

大学を出たからといって、そこで勉強が終わるわけではありません。むしろ、そこからほんとうの勉強が始まります。社会に出た時点がスタートラインです。それは高卒でも大卒でも、大学院を卒業していても同じです。

自分が必要とする知識を吸収する意欲と理解力さえあれば、学歴に関係なく自分を向上させることができます。

大学で教える知識は、圧縮すると一年かかるところを少しの時間で覚えられます。賢明な大学生ならば、短期間で一年分をすませて残りは別の勉強、あるいはもっと深く勉強をするべきです。アルバイトしたり、レジャーを楽しんだりしてもかなりいい成績で卒業できます。大学に進まなくてもそのくらいの勉強は楽にできるはずですよ。

進路は自分の問題、いなす術を身につけよう！

進路を決めるにあたって、あなたが直面している悩みは、対親との問題だと思います。

あなたは好きなことをしたいのに、親が口うるさく進学を勧める。

自分は文化系に進みたいのに、親は理科系を勧める。

地方の大学に勉強したい科があるのに、親は自宅から通える学校でないと駄目だという。

人生経験のある親のいうことだから、目標がはっきりしていない人、好きなことが明確でない人はもちろんのこと、かなりしっかりと目標設定している人でさえ、迷うことがあると思います。

自分の目指す方向が見つかったならば、親には、「これは私の問題だから、ほっといて」といえばいいのです。

親と深刻にわたり合っては駄目。それでは最後に決裂してしまいます。軽くいなすのがこつです。

軽くいなす術を身につけておくと、結婚してからも役立ちます。決して自分が熱くなってはいけません。相手が熱くなっても「私の問題だから、私にまかせて」と、さらりといえなくてはなりません。もっとも、そういうからには、親に甘えてばかりいては駄目です。自分の力で進路を切り開く強い意志が必要です。

未来について

青春の未来はいつも輝いている

生きていればこそ感動も味わえる

新聞を見ると、暗いニュースが目につきます。このままでは世の中どうなるんだろうと、将来に対する不安でいっぱいになるのも当然です。ことに、何事にも敏感な若い人は、未来は真っ暗で、楽しいことなんてありはしない、と感じている人も少なくないかもしれません。

では、未来はほんとうに真っ暗なのでしょうか。

かつて私もそう思ったことがあります。悲惨な戦争を体験し、戦後の貧しい生活の中で、いっそ戦争で死んでしまっていたほうが苦しまなくてよかったのではないか、と思ったものです。

当時、テレビは各家庭にはありませんでした。私の家も貧しくて持てなかった。私が住んでいた家の近くの大井町駅の駅前広場に、大きな街頭テレビがあったので、娘を背負って妻と一緒に見に行きました。

プロレスが中継されていて、力道山(当時のプロレスの大スター)が空手チョップで相手レスラーを苦しめていました。

その時代、時代によってヒーローがあらわれ、さまざまな心を惹くできごとが起こる。そのたびに感動して、ああ、生きていてよかったな、これを見ることができて幸せだな……と思えるのです。苦しいことも多いけど、楽しいこともいっぱいありました。

問題はものごとに対する感受性です。感動をもってとらえられるかどうかです。

それには大いなる野次馬根性がなくてはなりません。

逃げても苦しみからは決して逃れられない

私は野次馬根性が旺盛です。人だかりがしていたら、必ずのぞいて見ます。喧嘩していたならば「やめなさい」とか「もっとやれ」とかいって楽しむ。

テレビでは、ブラジルだろうが、ローマだろうが、日本にいて即座に見ることができます。前にはとても考えられないことが、いま生きているからこそ見られるのです。楽しいじゃありませんか。未来はどんどん進歩し、もっともっと楽しいことがあるはずです。決して暗いだけじゃありません。

それに、たとえ暗いことがあったとしても、人類には復元力があります。戦争から立ち直ったように、必ず明るいものをつくり出します。

もう少しいうならば、人類はマテリアルの発明によって進歩発展してきました。マテリアルとは素材のことです。昔は鉄が人類の文明を支えていた。それが行き詰まるとプラスチック、あるいはセラミックス類の開発により、文明が飛躍的に発展してきたわけです。

そこで、二十一世紀のマテリアルは何かというと、超伝導材だと思います。新聞やテレビで超伝導という言葉を目にし、耳にするたびに、それで世の中がどう変わるか、好奇心を持って見ています。こんな話、あなたは興味ありませんか?

世の中にはあなたの興味あることが、新しいことがどんどん起こります。それがすばらしいと思う感性は若いうちに磨かなければいけません。そうすれば、いまをもっとよりよく生きようという意欲が湧いてくるはずです。

それを一時の流行を追って、自殺に走るなんていうのはじつにばからしい。

自殺の流行は昔からありました。日光の華厳の滝に「人生は不可解なり」といって投身自殺した若者がいました。以来、華厳の滝は自殺の名所になったりしたけど、あれで世の中が変わったわけではありません。自分ではブームの先駆けだと思って死ぬのかもしれませんが、なんら世の中が変わらないんだったら無駄死にですよ。

苦しみから逃れるために死を選ぶのは、逆なんです。人間の生命は生きつづけるのであり、肉体的に死んだとしてもなくなりません。

わかりやすいように、死と生を夜と昼にたとえて説明しましょう。つまり、死は夜で生は昼。同じ生命なのです。現実が苦しいからと死んでも、その人の感覚は生きつづけ、やはり苦しみつづけます……。

この感覚のことを仏教では念といいます。死ぬときの「苦しみ」という感覚はずっと残ります。目には見えないけど、大きな影響力を持っています。苦しいとか悔しいとかの強い思いを抱いて死ぬと、その感覚には死んだという観念がない。だから、苦しみや悔しさをずっと引きずることになります。

それなら「バイバイ」といって明るく死んだらどうなるか。

実際には明るく自殺するなんてことはありえないけど、第三者にはそう思える場合もあります。

考えてみてください。飛び降りて地面にたたきつけられたときどうなるかを。痛いでしょうね。苦しいでしょうね。その断末魔の苦しみもやはりそのまま残るんですよ。死んでも苦しみっぱなしという、生きているときよりひどい状態です。

未来の明るさを信じれば、いまの困難を克服できる

もうひとついうと、苦しみや悔しさを持って死んだ場合。転生しても苦しい境遇に生まれてくるんです。元気に生き抜いて、最後に希望を持って死ねば、転生してもいい人生を送ることができます。これは決して架空の話ではありません。

生きていれば苦しいことも悲しいこともあるけれど、おいしいものは食べられるし、きれいな洋服は着れるし、この喜びや楽しみは死んでしまっては味わえません。

たとえ貧乏だとしても、私はいわゆる苦学生だったんですが、楽しいことがいっぱいありました。

親と喧嘩して家を飛び出し、中学二年の頃から新聞配達をしていました。

まだ体が小さかったから、かわいそうだというので百部くらいの配達でいいと、負担を軽くしてくれました。

新聞を配っていると、大邸宅の奥さんが「どうしてこんなことまでやらなきゃいけないの」と同情して、お菓子をくれたりするんです。

じつは、その家にお嬢さんが二人いて、毎朝、私が新聞持っていくのを玄関先で待っていてくれました。私はほのかな恋をして、ああ、新聞配達をしてよかったと思ったものです。

いまの世の中暗い面もあるけれど、総じて見れば楽しい世の中ですよ。青春の中にいる若者にとって、未来は輝いているはずです。それを信じて、苦しみや悩みは克服していってほしい。

転生とは、人は生まれ変わるという仏教の思想。前世、現世、来世といういい方をします。つまり、現在の生で起こるいろいろなことは、生まれ変わる前の人生でおこなったことの影響を強く受けているという考えです。

だから、現在の人生でのあなたの行いは、つぎに生まれ変わる来世に影響することになるのです。この転生の基本には、人間には肉体のほかに生命体（あるいは霊）というものがあり、これは肉体が滅びても存在し、新たな生命を誕生させるという考えです。さらにくわしく知りたい人は、私の著書を読んでみてください。

勉強について

得意分野を伸ばすことがすべての能力を生かす道

学校の勉強は人生の基礎づくり

毎年二月十一日、京都で「阿含《あごん》の星まつり」をおこなっています。これは火を燃やし、仏さまから運気を授かるよう祈る密教の行事ですが、これをお護摩を焚くといいます。

お護摩には個人個人が願いを込め、火となって仏さまに届けと祈るわけです。悩みなら解消してください、不運なら運を授けてください、受験なら合格させてください、とお願いします。

勉強は受験のためにあるわけではありません。でも、それに成功しないかぎり、自分がほんとうにやりたい勉強ができないという場合もあるでしょう。たとえば、専門的に勉強したいものがあれば、受験の難関をくぐる必要があるわけです。

もちろん、勉強は学校の中だけで終わりということはありません。社会に出てもなお勉強しなければ、いい人間にはなれないのです。

学校での勉強と社会に出てからの勉強は少し違います。学校でのそれは、ものの考え方の基礎をつくる勉強。生きるのに必要ない知識のように思えるものもあるけれど、ものごとの考え方の軌道を学ぶにはとても必要なものなのです。

なにやら難しげな数学は、苦手な人もいるでしょう。でも、数学には必ず答えがあります。その経過の考え方が、社会に出たときに応用がきくわけです。

答え、つまり結果だけ頭に入れてもつまらないし、役立たない。単に暗記したって、それだけのこと。残念ながら、いまの受験制度は結果だけを求めているけれど、若者には経過を大事にして学んでほしいと思います。

もっというならば、1＋1は2だけれど、1という概念はどうしてできたんだろう。0というのはだれが考えたんだろう……と突っ込んでみると、興味が湧いてきませんか？

0というのはインド人が考えたんです。0というのは仏教につながっている、と私は思うのです。こういう見方で勉強に取り組めば、もっともっと勉強が楽しくなるはずです。

だから、学校の勉強というのは、人生の基礎なんですね。人生の楽しさ、すべてがそこから始まるわけです。基礎ができていない人は、やっぱり人生が狭くなるし、勉強した人はどんどん大きくなっていきます。いまはつまらないと思っても、ちゃんとやっておけば、すばらしい大人になれるわけです。

とことん勉強すれば、自然に理解力が身につく

永井荷風という作家が、こう書いています。

「立派な作家になるには大学なんか行く必要はない。百科事典とあらゆる文学書を片っぱしから読む能力があればいい。あらゆる小説を読んで読み倒せ。その中で好きな作家が出てくる。そうしたらその作家の全集を読み、日記にいたるまで読んで、その作家の文体をまねろ」

と。

作家を目指すかどうかはともかく、本はできるだけ読むべきです。人生の先輩たちの経験が書かれているわけだから、参考になります。たとえそれが面白くなかっ

たとしても、ものごとを考える材料になります。思考の訓練というわけです。

私の経験だと、まずできるだけ乱読することを勧めます。積《つ》ん読では駄目です。あれこれ考えずにいろんな本を片っぱしから読む。そうするうちに自分の好みがかたまってきます。自分なりの体系ができてくるわけで、つぎからはその体系にそって読書していけばいいわけです。

私も学生時代は数学が苦手でした。小説家になろうと、文科系ばかり一生懸命に勉強していました。そこでわかったことは、ひとつのことをとことん勉強して理解力を深めると、苦手な分野にでも応用がきくということです。

学校を出てから、私は必要に迫られて量子力学などを独学で勉強しました。ばらばらに分解して自分流に組み立て、理解することができたんです。これは文科系のことをとことん学んで、ものごとの理解力が身についていたからだと思います。

また、私は囲碁を始めたとき、二年で日本棋院の四段になったんです。囲碁には定石《じょうせき》という基本的な石の置き方がありますが、それもやっぱりばらばらに分解し、自分流に組み立てて理解してしまったからです。

だから、あなたも不得意の科目があるからといって、悲観することはないのです。理解力さえ身につければ、それは自然に克服できます。理解力をつけるひとつの方法が、本の乱読なのです。

不得意科目のアップより得意な分野を磨こう

こんなことをいうと先生に叱られるかもしれないけれど、駄目な科目は駄目でいいからそのままにしておいて、得意な分野をどんどん追っかけていくことです。あるところまで達したならば理解力がついてきます。それを不得意な分野に応用すればいいのです。

苦手なものは勉強も落第しない程度にしておけばいい。成績が悪くたって、それで人生が決まるわけじゃないのですよ。それより得意な分野をどんどん伸ばし、その分野ではだれにも負けないというくらいになることのほうが大切です。

オールマイティなオールラウンド・プレーヤーはいないんです。自分の得意科目で全体のスコアメイクをすればいいわけです。

不得意な科目をなんとかレベルアップしようと、苦労して時間をすべて注ぎ込んでいると、得意な科目までレベルダウンしてしまいます。

各科目まんべんなくこなせたとしても、全体のスコアが下がったのではなんにもなりません。

第一、どの分野も平均的だけれど、高い水準の分野をひとつも持っていないということでは、社会に出たときに困ります。基礎というのは知識の集積だけれど、ある部分では突出した専門的な知識を持っていなければなりません。それがその人の個性となり、存在価値となるのです。

人生というものは、ある意味で舞台なんです。人間はつねに役者でなければならないと思います。自分をどんな役者にするか、それにはどんな個性と能力をそなえる必要があるのか、自分で勉強して身につけていくしかないのです。

親にいわれたからやるといった気持ちでは、ほんとうの役づくりはできません。

読む、考える、瞑想する、体験する、の流れがあなたを向上させる

ただ、学生時代に得意分野をいかに深めたとしても、社会に出てすぐに活用できるとは限りません。あなたよりレベルの高い人が何人もおり、あなたももっとレベルアップしなければなりません。

社会に出てからの勉強は、必要に迫られてするものです。いまそれを学ばなければ仕事が前進しないというように、直接ひびいてきます。いかに早く理解し、自分のものとして利用するかは、あなたに理解力があるかどうかで決まります。

その理解力は前にもいったように、得意分野をとことん深く学ぶことで身につきます。

社会に出てからの勉強の基本は、読む、考える、体験する、です。人生の先輩たちが書いた本を読み、それを自分の生き方に合わせて考え、うまく取り入れて体験するわけです。これを何回もくり返して、人間は向上していくのです。

でも、中には考えたことを思うように体験できない人もいるでしょう。思ってい

ることの半分も力が出せない。思いどおりにいかないというケースです。

そこで、私は瞑想を勧めます。読む、考える、瞑想する、体験する、という流れにするんです。瞑想は自分の考えを実現させる力があるんです。

たとえば、人とうまく話せるようになりたいと思って瞑想すれば、そのとおりになるんです。

潜在意識に願望をたたき込んでおくと、自然にそうなるわけです。

一日五分でも十分でもいいですから、気持ちを落ち着けて集中し、体験したいことがうまくできるようにと瞑想してみてください。

いまから、読む、考える、瞑想する、体験する、という習慣をつけておけば、あなたの生活はぐっと向上し、拡大するはずです。嫌いな勉強にしたって、面白くなることもあります。

科目だってクラブだって、この方法をくり返して進んでいけば、どんどん向上します。学校の成績に妙にとらわれないで、いきいきと生活してほしい。じつはそれが社会に出てから役に立つ、ほんとうの勉強なんです。

友だちについて

自分の露出しすぎは友だちを失うもと

友だち関係は大切、でも思い悩むことはない

私たちは人と人とのかかわりの中で生活しているわけです。あなたも親、家族、教師、友だちと付き合いながら毎日を送っているはずです。とりわけ友だち関係はあなたの中で大きなウエイトを占めていると思われます。

友だちが理解してくれない、親友に裏切られた、といった悩みが多いようです。確かに、友だちとうまくいかないことはつらいものです。どうすればいい関係を保てるかと考えるのは、非常に大切なことです。

でも、もう少し深く考えてみましょう。あなたが○○さんに嫌われているとして、どうしてあなたが悩まなければならないのか、どうして悲観する必要があるのかを。自分の人付き合いの下手《へた》さを悩むのなら、それは向上につながりますが、嫌われていることを悩んでも意味はないのです。

嫌いか好きかは相手の問題であって、あなたの問題ではありません。悪いところは直すべきでしょうが、相手の感情に合わせる必要はありません。

あなたは○○さんより偉いのかもしれない。偉くない人は偉い人を理解できないことが多い。だから、○○さんはあなたを理解できないでいる。それなら理解できるようにしてあげましょう。それでも駄目なら理解できる人を探しましょう、と考えればいいのです。

ただし、欲ばっては駄目。完全に自分を理解できる人は、世の中にひとりも存在しないと思うことです。自分のことは自分がいちばんよく知っています。あらゆる事情を掌握して生活しているわけですから。

人と人とのかかわりはお互いが完全に理解し合うことではないのです。触れ合いです。ことに学校生活における友だち関係は、人生の一時の触れ合いにすぎません。それは大事なことですが、思いつめて悩むほどのことはないということです。

相手が理解していると思うから喧嘩になるんです。理解してもらったからといって、生き方が変わりますか？ 結婚相手や恋人ならば、理解してほしいと思うのは当然です。それによって生き方が左右されるわけですから。そういう相手との関係なら大いに悩み、悩むことによって成長するのです。

他人のことを悩むより、もっと自分の特色を！

昔、勝海舟という人が日記にこう書いています。

「行動は我にあり、批評するは他である」と。

要するに、自分は自分、他人《ひと》は他人《ひと》という意味ですね。私は私でやっているので、それを、他人は勝手にいろいろ批評するけれど、それが自分と何の関係があるんだ……という考え方です。他人に向かって「私はこうなんですよ」といちいち説明し、理解を求めていたらきりがありません。そんな時間があったら、自分のしたいことを仕上げることに向けたほうがいいのです。

また、昔の言葉に「身でもなし、皮でもなし」というものがあります。つまり、深く理解してもらわなくたって、お互いにほどほどの理解で付き合ったほうがうまくいく……ということです。

「人の交わりは薄きがよし」という言葉もあります。濃くなるといろいろトラブルが出てくるから、水のごとく淡い関係がいいという意味です。

といっても、そう簡単に割り切れるものではないでしょう。社会に出れば人間関係はそれこそ無限大であり、無数にあるわけです。狭い範囲で苦しんでいるようなら、無限大になったときに押しつぶされてしまいます。

だれかに嫌われているという自覚が、自分の中でコンプレックスになることもあるでしょう。他人は関係ないといっても、いったん芽生えたコンプレックスはなかなか克服できません。

それなら「自分の特色は何か」を考えてみましょう。人には必ず特色があります。勉強でいえば数学がいいとか国語が得意とか、運動でいえば体力があるとか走るのが速いとか。オールラウンド・プレーヤーはいないわけだから、自分は相手が持っていない特色を持っているはず。その特色を生かせばコンプレックスは消えるはずです。

秘密を持つことで素敵な人に変身できる

親友と恋人を取り合って負けた、という相談もありました。この場合、親友に裏切られたという気持ちと、振られたという二重のショックがあったんでしょうね。

好きになった人に振られるとショックです。そのショックがコンプレックスにつながります。「自分は駄目なんだ」と落ち込みます。でも、よくよく考えてみるとひとりの人との関係が駄目になっただけ。振られたからといって自分の価値が下がるわけがない。自分のよさがわからなくて、あの人はあんなくだらない人に熱を上げている……と思うけれど、それは理性であって、やっぱり落ち込んでしまう。

これは自分で解決するしかないけれど、やはり自分ほど他人は自分を理解できないんだということを、つねに頭に置いておく必要があります。でないと、とめどもなく落ち込んで、厭世的になってしまったりします。

つぎに、親友に裏切られたという悩み。これは前にもいったように、友だちが完全に自分を理解してくれているという錯覚から起こります。女性の場合、優れた男性を取り合うという本能がありますから、親友はできにくいのです。それなのに自分を理解してくれていると信じているから、「裏切られた」と思うわけです。

ライバルに自分の大事な秘密を教える人はいないですよ。秘密は秘密であるからこそ価値があるのであって、宝石のように心の中にしまい込んでおくべきなのです。

打ち明けたときから宝石が道端の石になってしまいます。友だちに話し、その友だちからみんなに知れわたり、友だちを恨むのは筋違いです。秘密を打ち明けた時点で、秘密は秘密でなくなっているのですから。

秘密を持つことは大切なことです。他人から見ればなんだかわからないけど、秘密はその人の神秘性、魅力となってあらわれるんです。

テレビでよく売れているスターを見てください。人気のある人を見てください。みんな神秘的な一面を持っているはずです。じつは、それが秘密なのです。

といっても、いかにも秘密を持っていそうで暗いタイプでは、人気者になれません。明るいけれど、明るいだけでなくキラリと光るものを持っていなければなりません。「なんだか知らないけど、あの子は素敵」といわれるのは、秘密を持つことによって可能になるのです。

さらに、少し演出するならば、ほんとうはみんなに知ってほしいことを、「秘密よ」といって話せばいいでしょう。ほんとうの秘密でなく、二番目の秘密です。「あなただけにいうのよ。絶対に話しちゃ駄目よ」といい、それが知れわたったときには少し怒るけど、あとは笑うだけで答えない。これくらいできなければスターにはなれません。

人気者になれば、コンプレックスなんかどこかに吹っ飛んでしまいます。自分がだれかに嫌われているとしても、気にならなくなります。

友人関係に過度の期待をかけず、自分の生き方を通すことを忘れないでほしい。

美しい女性になるために

美しいと思う心がけが
本物の美人をつくる

内面に美しさがあれば外見にあらわれる

私には恋人がいない、どうせ美人じゃないんだからしかたない――と、あきらめている人がいます。

美人が男性にチヤホヤされるのは、いまも昔も変わりません。

というと、あなたは「どうせ私はブスよ」とそっぽを向いてしまうかもしれません。でも、あなたは何を基準に自分をブスだと思っているのでしょうか。また美人とは何を基準にいうのでしょうか。

ブスも美人もはっきりした基準はないのです。どう受けとるかは相手の主観です。相手がブスだと思えばブスに、美人と思えば美人になるわけです。あなたに魅力があれば相手は美しいと感じるし、魅力がまったくなければブスだと感じるものです。

その魅力はどこから生ずるのでしょう。

それは内面から生じます。内面の美しさがあれば、それは外見にもあらわれます。外見的にも美しくなるわけです。外見といっても単にまぶたが一重《ひとえ》、二重《ふたえ》、鼻すじがどうのというものではありません。その人の顔や姿を見たとき、相手が、あ、美しいなあ、きれいだなという感じを受ける。それが美人です。

昔、こういう話がありました。

ある大金持ち夫婦が子どもに恵まれなかったので、よそから生まれたばかりの赤ちゃんを養女にしようとした。まわりの人が心配して、「生まれたばかりじゃ、どんな器量かわからない。少し大きくなって器量のいい娘さんを養女にしたほうがいい」といった。すると、大金持ち夫婦は「どんな器量の子でも、私たちは器量よしに育ててみせます」といった……というのです。

環境しだいでだれでも器量よしになれると、この大金持ち夫婦は知っていたんですね。つまり、美人じゃなくても、環境しだいで美人になれるというわけです。

では、あなたの環境はどうでしょうか。いい環境をつくるのはあなた自身の努力です。「どうせブスよ」と背を向けていては、環境はますます悪化するばかりです。

友だちと楽しく語り合い、勉強も一生懸命にして、溌剌とした生活を送れば、あなたの環境はよくなります。いつも輪の中心にいて、みんなに注目されていれば、自然に美しくなれます。でも、目鼻立ちは変わらない、とあなたは反論するでしょうね。それが変わるのです。よく見ると目も鼻も口も形は同じです。でも、顔全体のイメージが百八十度変わってきます。人相がいい方向に変化するわけです。その原動力は自信です。劣等感をはねのけ、自分の顔や体に自信を持って行動すれば、美人になれます。というより、人が美人だと見てくれるようになるのです。

魅力を増やす秘訣は鏡とあなたの心がけ

自信を持ちなさいと言葉でいっても、すぐに持てるものではないでしょう。何かきっかけが必要です。では、鏡に自分の顔を映し、どこがどう悪いのかじっくり観察してください。

まぶたが一重で目が細いのが悪いのでしょうか。平安時代の絵巻物の貴族はみなそうでした。そういう目が高貴とされて、よくもてたのです。近眼で目つきがよくないのでしょうか。

ある女優さんは近眼で、よく見えないために目を細めたり、相手をのぞき込むように見つめたりします。それが非常に魅力的だと、たくさんのファンがいました。

ピンチはチャンスなのです。

欠点というのは他人は持っていないもの、あなたの個性です。欠点を隠すのではなく、欠点を生かして長所をつくり出すのです。

いまはお化粧の技術が進んでいます。あれこれ工夫して、欠点を強調して長所に変える努力をしてみてください。できあがった顔はとても美しいはずです。しかも、個性的です。

美しくなれるとわかった以上、「どうせブスだから」という思いは消えます。これをきっかけになんでも積極的にトライしていけば、どんどん美しくなっていきます。

もうひとつ、美人になれる秘法を教えましょう。

前にも書きましたが、怪盗アルセーヌ・ルパンの話を思い出してください。

ルパンが敵と戦ってとても疲れ、目にくまができ、顔色もよくなかった。老《ふ》けてみえた。

するとその彼はその顔を鏡に映し、じっと見つめながら、

「オレは若くて、強い、そしてすばらしく美しい」とくり返しいった。

するとみるみるしわが取れ、若々しい顔になった。


というのです。

そんなバカな、とあなたは思うでしょう。みるみる変化するのはオーバーとしても、「私は美しい、美人だ」と鏡の自分に毎日くり返しいっているうちに、ほんとうに美しくなるのは確かです。

くり返しいっているうちに、それがあなたの潜在意識にたたき込まれます。潜在意識はあなた自身が気づかない心の奥底と思えばいいでしょう。この潜在意識は願望実現力があるのです。あなたの行動や思考に強く影響し、あなたの思うとおりの環境をつくります。

いつも「ブスだ」と思っていれば、それが潜在意識にたたき込まれて、そのとおりになります。まわりもあなたを「ブスだ」と見るでしょう。でも、「美人だ」と思ってそれを潜在意識にたたき込んでおけば、まわりも「美人だ」と見ます。

心の転換であなたも本物の美人になれる

美人の条件には顔ばかりでなく、スタイルも含まれるでしょう。じつは、これも潜在意識を活用すれば、スタイルがよくなります。

寝る前にリラックスして、心の中にスタイルのいい自分を思い描いてください。思うだけではなく、姿として思い描くのです。

これを毎日くり返していると、ほんとうにスタイルがよくなります。甘いものが好きでよく食べていたのが、食べないでいられるようになったりします。それは潜在意識がそうさせるのです。何カ月か後には願いが実現するはずです。

このように潜在意識を活用することを瞑想といいます。深い悩みや苦しみ（因縁《いんねん》）を抱えている人はもっと本格的にやらなければならないけれど、若い人はまだそこまでやらなくても大丈夫。美人にもなれるし、スタイルがよくもなれます。ただし、瞑想中(鏡に向かっていっている最中や、思い描いている最中)に、マイナスイメージを抱いてはいけません。少しでもブスだ、デブだと思ったりすれば効果はあらわれません。

といっても、瞑想だけですべてを解決しようとしても駄目です。心が貧しければやっぱり外見にあらわれます。心の豊かさを高める努力が必要です。具体的にいうと、本を読み、考え、体験し、教養を積むことです。

私が阿含宗を始めた当時、三十代の美しい女性がたくさん来ました。数十年たっても、熟年者としての美しさ、魅力を持っています。あ、きれいだな、と感じる人が何人もいました。心の豊かさがあるからなんですね。

目や鼻や口、それは素材なんです。素材の美しさだけに頼っていると、三十代、四十代、五十代と歳をとるにしたがって魅力も衰えてきます。でも、心の豊かさを持っていると素材が衰えても魅力を失わないのです。別な魅力が出てきます。

若い人は素材が美しいときです。ブスだと思ってせっかくの素材を生かしきれていないのは、あなたの努力不足です。美しくなりたいと願い、自信を持つ努力をすることです。

私のメッセージを読みおえたときから、気持ちを転換させましょう。お化粧のしかたがわからなかったら、お姉さんでも友だちにでも聞いてください。鏡を見て「美人だ」と語りかけるのを恥ずかしがったり、疑っていては駄目です。信じて、そう思い込んで実行してください。

同時に、いつまでも美しさ、魅力を保つために心の豊かさを高める努力を始めてください。あなたにはそれができるはずです。

リーダーシップを身につけるために

リーダーの条件は
心の柔軟性を
持つこと

頭がいいというだけではリーダーはつとまらない

グループなど仲間や友だちの集まりの中で、その輪の中心にいたい、注目される存在でいたいという気持ちは、だれにでもあります。

できればリーダーとしてみんなをひっぱっていきたい、と思う人も多いでしょう。

大勢の意見をまとめ、リードするのはなかなか難しいものです。自分がいいと思っても、それがみんなに受け入れられるとは限りません。多数決でまとまりかけていた話も、たったひとりの強い反対で壊れてしまうこともあります。

そんなときあなたは「私ってリーダーの素質がないのかしら」と悩むことでしょう。

確かに、リーダーシップはだれにでもとれるというものではありません。頭のいい悪いとは関係なく、持って生まれた素質に左右されます。

頭領運《とうりょううん》（人の上に立つ運命）を持っている人は、多少成績が悪くても「あの人にまかせておけばうまくまとまる」というケースが多いのです。

ですから、リーダー性でいえば三つのタイプがあります。

一、頭はいいがリーダー性がない。
二、努力すればリードできる。
三、本能的にリードできる。

一のタイプはリーダーは避けたほうが賢明でしょう。「私には人望がない」と悩む必要はありません。あなたは孤高の人であり、個性が強くレベルが高いため、みんながついてこれないのです。

三のタイプは苦労もなくリーダーシップを発揮してしまうのですから、何もいうことはありません。

問題は二のタイプです。みんなの意見を聞きすぎるとなかなかまとまらず、優柔不断だといわれます。強引にひとつにまとめると、横暴だと反発されます。

勝手なことをいう人と人の間に板ばさみとなって、どうしたらいいのと悩むでしょうし、リーダーの立場を放棄したくもなるでしょう。

でも、その板ばさみの中でほんとうのリーダーシップが身につくのです。悩んだ分だけ、人付き合いがわかってくるわけです。

大勢の人をまとめるにはテクニックが必要

リーダーをうまくこなすには、じつはちょっとしたテクニックが必要です。グループの顔ぶれをよく見て、それぞれの性格を考えてみてください。たとえば、へそ曲がりというか、どんなことにでも反対する人はいませんか。

あなたが白といえば黒、黒というと白という人です。扱いにくいと思うでしょうが、逆にいちばん扱いやすいのです。

あなたが催し物の実行委員だとします。どんな催しをするかアンケートを集計したら、落語会とホラーハウスにしぼられたとしましょう。あなたは落語会でまとめたかったら、なんでも反対の人にこういえばいいのです。

「ホラーハウスのほうが話題になると思うけど、落語会はどうかしら?」

すると、「ホラーハウスなんて」と反対してきます。

すぐに「じゃ落語会にしましょう」と応じては駄目です。

「そうかなあ、ホラーハウスもけっこういいと思うけど……」

未練ありげにいうと、さらに強く反対してくるでしょう。その人に同調する人も出てくるかもしれません。その意見をまとめる形で、「じゃ、落語会にしましょ。これしかないわね」と断定的にいうのです。それが失敗したとしても、責任の大半はホラーハウスに反対した人に押しつけることもできます。

といっても、この方法だけでは駄目です。

時間があまりないときは、「私にまかせてください。責任は私がとりますから」とずばり決定してしまう強引さも必要です。

リーダーは自分の意見を軽々しく口に出さないことです。心の奥にしまっておき、まわりの人に先にしゃべらせ、状況に合わせて意見をそろそろと出すのです。といっても、グループがすべて自分の思いどおりに動くとは限りません。自分以外のみんなの意見が一致すれば、リーダーとしてその方向にひっぱっていかなければなりません。

ひとつのテーマがあったら、事前にいろいろな角度から考え、どの方向に行けばどうなるか予測を立てておく必要があります。そして、いくつもの考えをもってみんなに接し、その状況に応じて選択します。

みんなを最もいい方向にリードするためには、逆のことをいったり、説得したりするテクニックが重要です。説得するには説得するだけの材料を用意しておかなければなりません。ひとつの考えにこり固まらず、幅広くいろいろな考え方を認めることです。そのうえで状況をすばやく読み取り、それに対応できる柔軟さも求められます。心の柔軟性を持つことが大切なのです。

花一輪のイメージからあなたの活躍が始まる

こうした人の扱い方というのは、経験の中で覚えていくものです。最初のうちは思いがけない反発をくったりして、くやしい思いをすることもあるでしょう。悩んで落ち込んで、疎外感を強くすることもあるでしょう。

大いに悩みなさい。悩むことで向上するはずです。でも、悩みをいつまでもひきずってはいけません。パッと気分転換し、また新たに挑戦することが大事です。いい方法を教えましょう。前にも書きましたが、花の瞑想の活用編です。

バラでもチューリップでも、あなたの好きな花を一輪求めてください。それを花ビン、あるいはコップでも牛乳ビンでもいいですから、挿しましょう。

そうして、心をリラックスさせ、花をじっと見つめます。

花の中に心が入っていき、花と一体になった自分を思い浮かべます。

理屈は必要ありません。

ただそう思えばいいのです。

つぎに、その花の色が赤、黄、ピンクというように思い浮かべます。

単に思うだけでなく、絵を見るように思い描きます。

それができたら、花がものすごく大きくて自分がケシ粒のように小さい、逆に自分が大きくて花が小さい、というふうに思い描きます。
つぎに、楽しい光景を思い描きます。
あなたが中心になっておしゃべりしている光景、あるいはあなたが活躍してみんなをリードしている光景など……です。

暗いイメージは駄目です。すべて明るく前向きな自分を思い描くのです。悩みは自然に消え、気持ちが軽くなるはずです。その後、また悩んではいけません。また、リーダーの自分に逆らう人を憎んだり、やっつけたりする光景を思ってもいけません。

ここでイメージしたことは、そのまま実際に起こる可能性が大きいからです。あなたに反対する相手をいじめたり、やり込めたりする光景を思うと、後日それを実行してしまいます。そうすれば反対する相手ばかりでなく、他の仲間からも嫌われてしまうかもしれません。リーダーシップはますますとれないということになるでしょう。

　リーダーに必要なのは、なんといっても自信です。いまちょっとしたテクニックを教えましたが、それは自分に自信がないとうまく使えません。

　自信もまた経験の中でついてきます。本を読み、考え、経験し、また本を読み……というくり返しの中で、自分なりの考えができてきます。その考えで行動して成功すれば、自信も湧いてきます。

　失敗を恐れていたのでは自信も生まれないし、リーダーシップも身につきません。悩みを明るい方向に転化しながら頑張ることです。

上手な人付き合いをするために

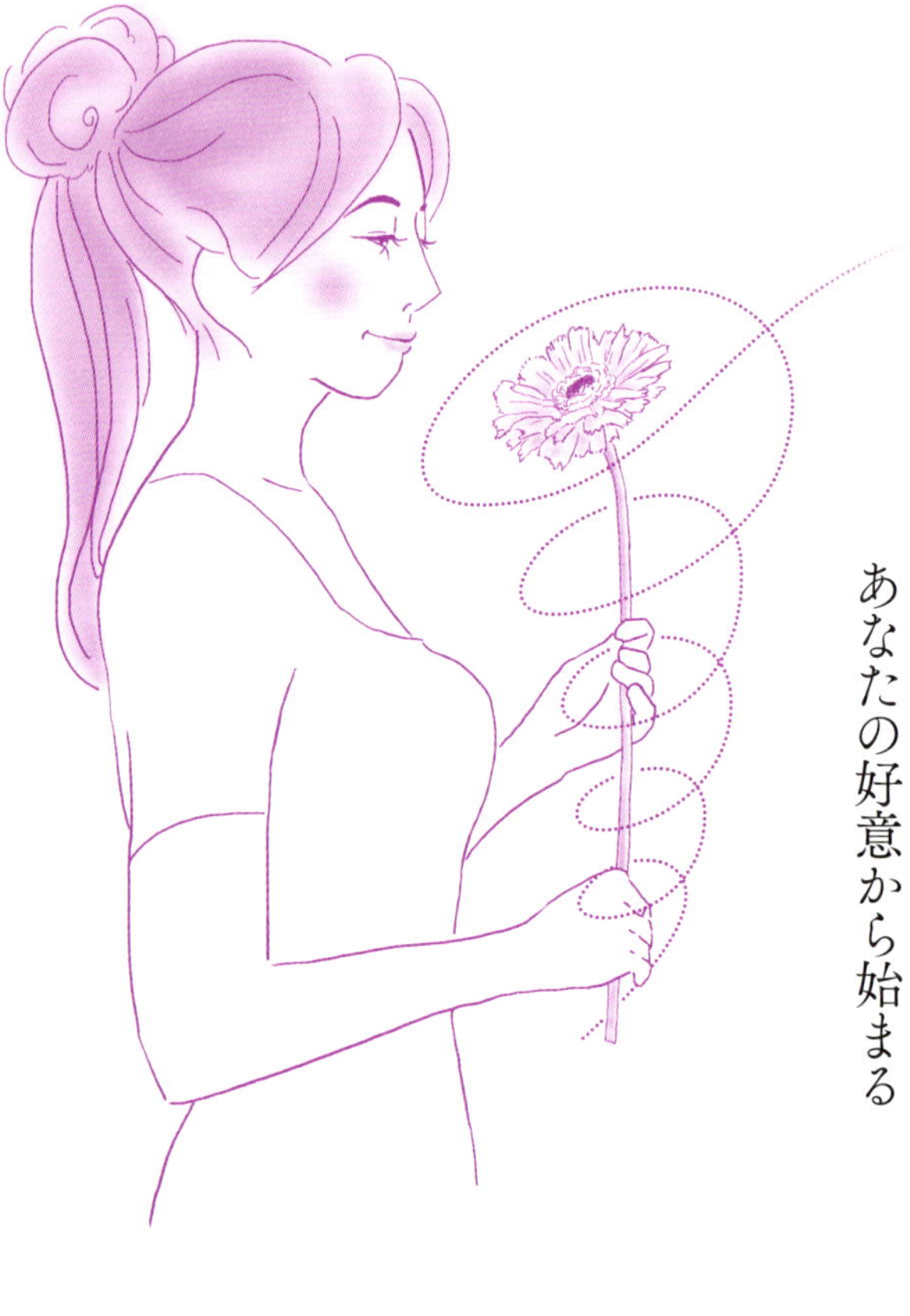

上手な人付き合いは あなたの好意から始まる

あなたは自分の心を閉ざしていませんか？

「私は友だち付き合いが下手《へた》で、いつも仲間はずれにされる。みんなと同じように楽しく付き合うことができないんです」

「私は話すのが下手で、思っていることをうまく表現できないんです。とくに異性の前に出るとあがってしまう」

友だちができない。恋人ができないと悩む人が、とても多いようです。

仲間はずれにされることを「シカトされる」というそうですが、確かに、それまで仲よかった友だちから誘われなくなるのは、とてもつらいことでしょう。

でも、それがあなたの生死にかかわる問題でしょうか。あなたの夫や恋人からそうされたとしたら問題ですが。相手が単なるファストフードでハンバーガーを食べたり、たあいのないおしゃべりをし合ったりするくらいの友だちだったとしたら、別に悩むことがあるわけではないでしょう。

とくにあなたの生き方に深い関係はないのですから。

シカトされたら、それをいいチャンスとして、ひとつ、孤独を楽しんでみたらどうですか。いずれはあなたのよさが理解され、いい友だちができるはずです。自分の心を傷つけているのはあなた自身であって、相手が傷つけているわけではないのです。つまり、気持ちの持ち方ひとつなんです。

友だち付き合いが下手だと思っているのも、あなただけかもしれません。あなたがひとりでそう思って、心を閉ざしているのではないのですか？

心を閉ざしていては、相手だって親しみを覚えるわけがありません。その結果、あなたが敬遠されてしまうことになります。話すのが下手だと思っているのも同じこと。そう思ってあなたから積極的に話しかけるのを、ためらっているのではありませんか？

他人から無視されているように見えても、じつはあなた自身が知らずに無視していて、その結果「シカトされる」のかもしれません。あなた自身の心の中にある苦手意識、コンプレックスなどは、いくら隠していても、相手に伝わります。

あなたも相手に嫌われていたら、敏感に察知するはずです。それは、勘みたいなものでわるのです。だから、まず自分の心をよく見つめてから相手とどう付き合えばいいのか考えましょう。

目に見えない感情も相手には伝わる

人前に出ると緊張するのは、あたりまえです。話すことが仕事の私でも、人前で話すとき絶対あがらないとはいい切れません。あがったらあがったでいいじゃないですか。何も恥ずかしいことではないのです。あがったまま、堂々と自分の意見を述べたり、思いを伝えたりすればいいのです。とくに若い女性は、少しあがっているくらいが、男性はかわいいと思うものです。あがらずに話せる女性より、恋のチャンスが広がる可能性が高いでしょう。

もしあなたが仲間はずれにされ、その理由がどうしても思い浮かばなかったら、あなたも相手を無視すればいいのです。「あの人たちとはハダが合わないんだな」と思えばいいのです。あるいは、その相手に「どうしてなの？」と直接聞くのもいいでしょう。相手のあげる理由がなるほどとうなずけるなら、それを直す努力をすればいいのです。

もし自分で心を閉ざしているのだと気づいたならば、心を開く努力をする必要があります。

といっても、付き合いが下手、話すのが下手、と思い込んでいるあなたのコンプレックスは、翌日からパッと解消するものではありません。やはり解消するための方法が必要です。

まず相手に好意を持つことです。あの人は苦手だ、ちょっと好きになれないといった感情を持っていると、それは相手に伝わります。当然、相手もあなたを快くは思いません。そうした目に見えない感情対立が、友だちができない原因になっていることも多いのです。

相手に好意を持つための瞑想法があります。

寝る前、心身ともリラックスさせておこなえば、必ず効果があります。

［相手に好意を持つための瞑想法］

まず、気持ちを集中させます。

前にもいったように、一輪の花を用意してそれをじっと見つめます。

自分の心が自然に花の中に入っていくつもりになってください。

つぎに、花が非常に大きくなったり、非常に小さくなったりすると、思い描いてください。(くわしくは一七九頁を参照)

それができたら、
今度は友だち(仲よくしたい相手)を思い浮かべます。

そして、つぎのようにつぶやきます。

わたしはあなたがとても好き。

それはあなたがいい人だから。

あなたは親切で心の温かい人。

あなたはとてもいい人。

だからわたしはあなたが好きだ。
あなたもわたしが好きだ。
あなたもわたしがとても好きだ。
だから、わたしはあなたと話しているのが、とっても楽しい

言葉は必ずしもこのとおりでなくてもかまいません。自分は相手に、相手も自分に好意を持っているということを、言葉で表現すればいいのです。

プラスのイメージで付き合い上手に！

この瞑想法は密教でいう観想法のひとつです。
ポイントはプラスの言葉だけを使い、マイナスの言葉は絶対に使わないことです。

プラスの言葉——楽しい、うれしい、おいしい、きれいだ、可愛い、

美しい、元気だ、のびのびする、満ち足りている、どんどんよくなる、笑う、すべてよくなる、おだやか、ポカポカ暖かい、成功する、順調にいく、自信がある、必ずうまくいく

マイナスの言葉――悩む、苦しい、腹が立つ、痛い、憎い、つらい、不平、不満、泣く、どうしていいかわからない、暗い、失敗、意地が悪い、寒い、冷たい、どんどん悪くなる、汚い、汚らわしい、自信がない、不幸だ

マイナスを打ち消す言葉も駄目です。「苦しくない、つらくない、泣かない」といった言葉では、マイナスのイメージが残ったままになるので効果はありません。積極的に好意を示すプラスの言葉のみを使うことです。

そして、最後は「とても楽しい、たいへん愉快だ、とても幸せだ」という言葉で結びます。同時に、その相手と楽しくおしゃべりしている光景を思い浮かべます。そ

のまま眠れば、とても幸せな気分になれるはずです。

これをくり返しているうちに、あなたはその相手に対して好意を持つようになり、相手もあなたに好意を示してくれます。目に見えないお互いの意識が、惹かれ合うようになるのです。

じつは、この瞑想法は恋にも利用できます。

片思いの人を思い浮かべ「わたしはあなたが好きです。あなたもわたしが好きです」というようにプラスの言葉でつぶやけば、やがて恋が成就するはずです。あなたの思いが彼に伝わるわけです。といっても、隠れて密かにやっていても駄目です。あなた自身が積極的にその人に接することが大事です。

またこの瞑想でそれができるようになります。これであなたの悩みは消えるはずです。

おわりに

本文中にも出てきましたが、花の瞑想法は私の著書『輪廻転生瞑想法Ⅰ』『実践輪廻転生瞑想法Ⅰ』（平河出版社）にくわしく書いてあります。『実践輪廻転生瞑想法Ⅰ』にはＤＶＤも付いておりますので、そちらを参考にされるとよいでしょう。

また阿含宗では、良縁を結び、悪縁を断つ、「愛染明王」をおまつりしております。愛染明王は、良縁成就、悪縁解脱の法力無比の仏さまです。良縁を結びたい、悪い縁を切りたい、などと願うのであれば、愛染明王のご真言を唱《とな》えて祈るとよいでしょう。

密教の法には、奇蹟をよぶ不思議な力があります。

まず、印を結ぶ。

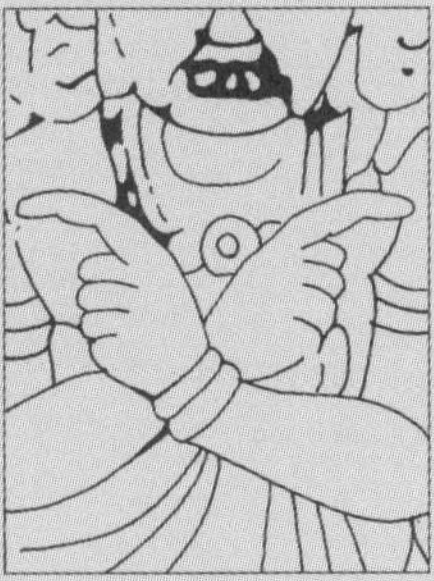

（くわしくはお問い合わせください）

つぎに真言を唱《とな》える。（つぎの二つの真言のうち、どちらでもよろしい）

（通《つう》　呪《じゅ》）唵《オン》　摩訶囉誐《マカラギャ》　嚩日路瑟抳莎《バゾロウシュニシャ》
嚩日囉薩怛嚩《バザラサトバ》　惹《ジャク》　吽《ウン》　鑁《バン》　斛《コク》

（五字呪《ごじじゅ》）吽《ウン》　吒《タ》　枳《キ》　吽《ウン》　惹《ジャク》

さあ、そして一心にお祈りしましょう。

「しあわせな縁にしてください」……（縁切り）

「しあわせな縁をください」………（縁結び）

――と。

注―印＝両手の指をもちいて、諸尊の悟りの内容・誓い・功徳を表現する。

注―真言＝仏・菩薩などのはたらきを表す、真実の秘密の言葉。

桐山靖雄（きりやま・せいゆう）

阿含宗管長、中国・国立北京大学名誉教授、中国・国立北京外国語大学名誉教授、中国・国立中山大学名誉教授、中国・国立佛学院（仏教大学）名誉教授、モンゴル国立大学学術名誉教授・名誉哲学博士、モンゴル科学アカデミー名誉哲学博士、チベット仏教ニンマ派仏教大学名誉学長・客員教授、タイ王国・国立タマサート大学ジャーナリズム・マスコミュニケーション学名誉博士、サンフランシスコ大学終身名誉理事、ロンドン大学SOAS名誉フェロー、スリランカ仏教シャム派名誉大僧正、チベット仏教界・ミャンマー仏教界から最高の僧位・法号を授与、ブータン仏教界から法脈相承・秘法皆伝 法号「ンガワン・ゲルツェン（王者の説法をする仏法守護者）」授与、中国国際気功研究中心会長（北京）、ダッチ・トゥリートクラブ名誉会員（ニューヨーク）、日本棋院名誉九段、中国棋院名誉副主席。

主たる著書『密教・超能力の秘密』『密教・超能力のカリキュラム』『密教占星術Ⅰ・Ⅱ』『説法六十心1・2』『チャンネルをまわせ』『密教誕生』『人間改造の原理と方法』『阿含密教いま』『守護霊を持て』『続・守護霊を持て』『龍神が翔ぶ』『霊障を解く』『一九九九年カルマと霊障からの脱出』『輪廻する葦』『間脳思考』『心のしおり』『愛のために智恵を智恵のために愛を』『末世成仏本尊経講義』『守護霊の系譜』『一九九九年地球壊滅』『守護仏の奇蹟』『求聞持聡明法秘伝』『さあ、やるぞかならず勝つ①〜⑫』『仏陀の法』『守護霊が持てる冥徳供養』『密教占星術入門』『人は輪廻転生するか』『君は誰れの輪廻転生か』『般若心経瞑想法』『一九九九年七の月が来る』『オウム真理教と阿含宗』『阿含仏教・超能力の秘密』『脳と心の革命瞑想』『阿含仏教・超奇蹟の秘密』『社会科学としての阿含仏教』『「止観」の源流としての阿含仏教』『一九九九年七の月よ、さらば』『21世紀は智慧の時代』『21st Century: The Age of Sophia』『You Have Been Here Before: Reincarnation』『ニューヨークより世界に向けて発信す』『THE WISDOM OF THE GOMA FIRE CEREMONY』『The Marvel of Spiritual Transformation』『実践般若心経瞑想法』『変身の原理』『幸福への原理』『守護神を持て』『仏陀の真実の教えを説く上・中』『あなたの人生をナビゲーション』『輪廻転生瞑想法Ⅰ・Ⅱ・Ⅲ』『実践輪廻転生瞑想法Ⅰ・Ⅱ』（以上平河出版社）、『アラディンの魔法のランプ』（阿含宗出版社）、『念力』『超脳思考をめざせ』（徳間書店）、『密教入門―求聞持聡明法の秘密』（角川選書）など。

●連絡先――阿含宗に関するご質問・お問い合わせは左記まで

阿含宗本山・釈迦山大菩提寺　京都市山科区北花山大峰町

関東別院　〒108-8318 東京都港区三田四―一四―一五　☎(〇三)三七六九―一九三一

関西総本部　〒605-0031 京都市東山区三条通り神宮道上ル　☎(〇七五)七六一―一一四一

北海道本部　〒004-0053 札幌市厚別区厚別中央三条三丁目　☎(〇一一)八九二―九八九一

東北本部　〒984-0051 仙台市若林区新寺一―三―一　☎(〇二二)二九九―五五七一

東海本部　〒460-0017 名古屋市中区松原三―一三―二五　☎(〇五二)三二四―五五五〇

北陸本部　〒920-0902 金沢市尾張町二―一一―二二　☎(〇七六)二二四―二六六六

九州本部　〒812-0041 福岡市博多区吉塚五―六―三五　☎(〇九二)六一一―六九〇一

大阪道場　〒531-0072 大阪市北区豊崎三―九―七　いずみビル一階　☎(〇六)六三七六―二七二五

神戸道場　〒651-0084 神戸市中央区磯辺通り二―一―一二　☎(〇七八)二三一―五一五二

広島道場　〒733-0002 広島市西区楠木町一―一三―二六　☎(〇八二)二九三―一六〇〇

横浜道場　〒231-0012 横浜市中区相生町四―七五　JTB・YN馬車道ビル五・六階　☎(〇四五)六五〇―二〇五一

沖縄道場　〒900-0031 那覇市若狭一―一〇―九　☎(〇九八)八六三―八七四三

●インターネットで阿含宗を紹介――阿含宗ホームページ　http://www.agon.org/

本書は、『SIGN』（一九八八年五月～八九年四月　学習研究社）
『SanSun』（一九八七年十月～八八年九月　学習研究社）に
掲載されたものを単行本用に加筆修正したものです。

美しい人になる心のメッセージ
二〇一六年二月十日　第一版第一刷発行
二〇一六年三月十日　第一版第二刷発行

著者——桐山靖雄
©2016 by Seiyu Kiriyama
発行者——森　真智子
発行所——株式会社 平河出版社
〒一〇八—〇〇七三東京都港区三田三—四—八
電話（〇三）三四五四—四八八五　FAX（〇三）五四八四—一六六〇
郵便振替〇〇一一〇—四—一一七三二四
装幀——佐藤篤司
印刷所——凸版印刷 株式会社
用紙店——中庄 株式会社

ISBN978-4-89203-347-6
http://www.hirakawa-shuppan.co.jp